Função Social da Dogmática Jurídica

Tercio Sampaio Ferraz Jr.

Função Social da Dogmática Jurídica

Segunda Edição

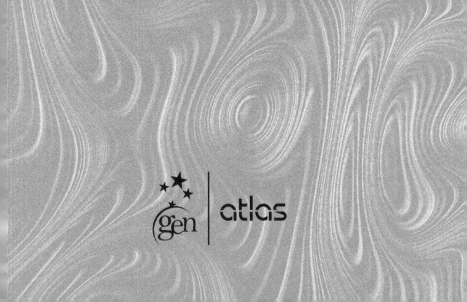

■ A EDITORA ATLAS se responsabiliza pelos vícios do produto no que concerne à sua edição (impressão e apresentação a fim de possibilitar ao consumidor bem manuseá-lo e lê-lo). Nem a editora nem o autor assumem qualquer responsabilidade por eventuais danos ou perdas a pessoa ou bens, decorrentes do uso da presente obra.

■ Nas obras em que há material suplementar on-line, o acesso a esse material será disponibilizado somente durante a vigência da respectiva edição. Não obstante, a editora poderá franquear o acesso a ele por mais uma edição.

■ Todos os direitos reservados. Nos termos da Lei que resguarda os direitos autorais, é proibida a reprodução total ou parcial de qualquer forma ou por qualquer meio, eletrônico ou mecânico, inclusive através de processos xerográficos, fotocópia e gravação, sem permissão por escrito do autor e do editor.

Impresso no Brasil – Printed in Brazil

■ Direitos exclusivos para o Brasil na língua portuguesa
Copyright © 2014 by
Editora Atlas Ltda.
Uma editora integrante do GEN | Grupo Editorial Nacional
Al. Arapoema, 659, sala 05, Tamboré
Barueri – SP – 06460-080
www.grupogen.com.br

■ Reservados todos os direitos. É proibida a duplicação ou reprodução deste volume, no todo ou em parte, em quaisquer formas ou por quaisquer meios (eletrônico, mecânico, gravação, fotocópia, distribuição pela Internet ou outros), sem permissão, por escrito, da Editora Atlas Ltda.

■ Capa: Leonardo Hermano

■ **DADOS INTERNACIONAIS DE CATALOGAÇÃO NA PUBLICAÇÃO (CIP) (CÂMARA BRASILEIRA DO LIVRO, SP, BRASIL)**

Ferraz Junior, Tercio Sampaio
Função social da dogmática jurídica / Tercio Sampaio Ferraz Jr. – 2. ed. [2. Reimp.] – São Paulo: Atlas, 2021.

Bibliografia.
ISBN 978-85-224-9459-0
ISBN 978-85-224-9460-6 (PDF)

1. Direito – Filosofia 2. Sociologia jurídica I. Título.

14-11941 CDU-34:303

Índices para catálogo sistemático:
1. Direito e sociologia   34:303
2. Sociologia do direito   34:303

Para
Theóphilo Cavalcanti Filho
(1921-1978)

homenagem póstuma

SUMÁRIO

Introdução, 1

  1 Sobre a situação da Dogmática Jurídica, 1

  2 Objetivos desta investigação, 7

  3 Relação entre a teoria e a *praxis*, 11

1 As origens do pensamento dogmático, 19

  1 A jurisprudência romana, 20

  2 A dogmaticidade na Idade Média, 31

  3 A teoria jurídica na Era Moderna, 36

  4 A positivação do Direito a partir do século XIX, 49

  5 A Dogmática na atualidade, 74

2 Características e funções básicas da Dogmática, 79

  1 Dogmática e pensamento tecnológico, 79

  2 O princípio da inegabilidade dos pontos de partida, 92

  3 A viabilização das condições do juridicamente possível, 97

3 Os instrumentos dogmáticos e sua função, 116

  1 O modelo analítico e suas funções, 122

  2 O modelo hermenêutico e suas funções, 136

  3 O modelo empírico e suas funções, 156

viii Função Social da Dogmática Jurídica • Ferraz Jr.

4 Dogmática e ideologia, 172
1 A Dogmática como um rito cerimonial, 172
2 Dogmática e discurso persuasivo, 176
3 Neutralização de valores e ideologia, 182

Posfácio, 189

Conclusão, 206

Bibliografia, 215

INTRODUÇÃO

SUMÁRIO: 1 Sobre a situação da Dogmática Jurídica; 2 Objetivos desta investigação; 3 Relação entre a teoria e a *praxis*.

1 Sobre a situação da Dogmática Jurídica

Embora o Direito seja uma área tradicional no conjunto das disciplinas, alinhando-se entre as mais antigas da nossa cultura, desenvolvendo formas de expressão de acentuado rigor em épocas em que as demais ciências humanas não passavam de meros projetos, a delimitação do sentido da Dogmática Jurídica ainda continua merecendo nossa atenção, pois é assunto sobre o qual sempre pairam dúvidas. Afinal, quando hoje se fala em Dogmática Jurídica, nossa tendência é identificá-la com um tipo de produção técnica capaz de atender à demanda do profissional, no desempenho imediato das suas funções, ou de vê-la na produção didática que, dirigida para um consumo cada vez mais massificante, tem muito pouco a ver com o que, nas demais ciências, seria

2 Função Social da Dogmática Jurídica • Ferraz Jr.

admitido como trabalho de rigor e de controle. Há, ainda, um terceiro tipo de atividade, voltado especificamente para a investigação ampla do Direito, denominado por alguns autores modernos de Teoria Jurídica, a qual se volta para o instrumental de outras ciências, como a Sociologia, a Política, a Filosofia, a Antropologia etc. Tal teoria, às vezes, parece deslocada no âmbito jurídico, encontrando uma certa resistência por parte do jurista, mais ligado ao que a tradição costuma entender como saber jurídico propriamente dito.[1]

A verdade é que nos países de tradição românica o conhecimento do Direito tomou, inicialmente, a forma de uma técnica elaborada que os romanos chamaram de *jurisprudentia*, caracterizada como um modo peculiar de pensar problemas sob a forma de conflitos a serem resolvidos por decisão de autoridade, mas procurando sempre fórmulas generalizadoras que constituiriam as chamadas doutrinas. Na Idade Média, sobretudo na época dos glosadores, àquela técnica jurisprudencial acrescentou-se ainda, como um ponto de partida para qualquer discussão, a vinculação a

---

[1] A distinção entre Teoria e Dogmática Jurídica, na qual a primeira aparece como a *ciência* do Direito propriamente dita, vem sendo estabelecida há tempos. Já Pedro Lessa – *Estudos de filosofia do direito*. 2. ed. São Paulo, 1916; ver, sobre Pedro Lessa, Miguel Reale, *Filosofia em São Paulo*. São Paulo, p. 120 ss – ensaiava, entre nós, algo parecido. Mais recentemente a encontramos em Otmar Ballweg, *Rechtswissenschaft und Jurisprudenz*, Basel, 1970; Aleksander Peczenik, Towards a juristic theory of law, *Oesterreichische Zeitschrift für öffentliches Recht*, 1971, p. 167 ss.; ver também Werner Krawietz, Juristische Methodik und ihre rechtstheoretischen Implikationen; O. Ballweg, Rechtsphilosophie als Grundlagenforschung der Rechtswissenschaft und Jurisprudenz; Werner Maihofer, Rechtstheorie als Basis Disziplin der Jurisprudenz, todos em *Rechtstheorie als Grundlagenwissenschaft der Rechtswissenschaft*, ed. por Albert, Luhmann, Maihofer e Weinberger, Düsseldorf, 1972.

certos textos romanos, especialmente o *Código Justinianeu,* o que foi dando às disciplinas jurídicas uma forma de pensar eminentemente exegética, base da Dogmática Jurídica. Com o advento do Racionalismo, nos séculos XVII e XVIII, a crença nos textos romanos acabou substituída pela crença nos princípios da razão, os quais deveriam ser investigados para serem aplicados de modo sistemático. No entanto, foi no século XIX que as grandes linhas mestras da Dogmática Jurídica se definiram. A herança jurisprudencial, a herança exegética e a herança sistemática converteram-se na base sobre a qual se erigiu a Dogmática Jurídica, tal como a conhecemos hoje, à qual o século XIX acrescentou a perspectiva histórica e social.

Não resta dúvida de que, nos últimos anos, a Dogmática Jurídica enfrentou uma declarada crise em relação às exigências políticas, sociais e econômicas de nosso tempo. A princípio, ela limitou-se apenas a um posicionamento do jurista perante uma atitude profissional, que o obrigava a uma especialização constante, dado o tipo de formação recebida na sua Universidade. A questão, então, era somente de uma correção nas linhas do ensino e de adaptação às necessidades sociais emergentes. Hoje, porém, a crise chega até os fundamentos, ao seu potencial argumentativo, à sua *praxis* decisória, aos respectivos resultados produzidos consciente ou inconscientemente e aos conteúdos de formação profissional. Em contraposição, nasce uma exigência crescente de conhecimento adequado da situação social do sistema jurídico e de sua *praxis,* com todas as suas consequências.[2]

---

[2] Cf. a propósito San Tiago Dantas, A educação jurídica e a crise brasileira, *Revista Forense,* 159/453, 1955; Joaquim de Arruda Falcão Neto, Classe dirigente e ensino jurídico: uma releitura de San Tiago Dantas,

4 Função Social da Dogmática Jurídica • Ferraz Jr.

Nesse sentido, as tentativas de adequação vêm tomando conta da Epistemologia Jurídica já há mais de quarenta anos. Na verdade, tanto o renascimento da Filosofia do Direito, contra os formalismos da *Allgemeine Rechtslehre*, no início do século XX, quanto a progressiva retomada dos aspectos sociais na consideração do Direito, quer na Jurisprudência Sociológica americana, quer nos diferentes matizes do Culturalismo Jurídico, representaram uma ponta de lança no reexame da Dogmática, acentuando sobretudo suas deficiências exegéticas e propondo uma renovação da disciplina nesse nível. O problema atual, contudo, é ainda mais agudo na medida em que ultrapassa os planos exegéticos e se coloca no nível da participação da Dogmática no desenvolvimento da sociedade, cujo processo de crescimento provocou uma enorme diferenciação no sistema jurídico, tornando-o extremamente complexo e altamente ramificado, com pontos de intersecção com outros planos sociais.[3]

A polêmica que herdamos da Jurisprudência dos Interesses, da Escola da Livre Interpretação do Direito, da Escola Sociológica ou do Culturalismo Jurídico contra uma Jurisprudência dos Conceitos não é, no entanto, uma polêmica

---

Revista da Ordem dos Advogados do Brasil, 21, v. VIII, 1977, p. 41 ss.; do mesmo autor, Crise da universidade e crise do ensino jurídico, *PIMES – Comunicações* 18, Recife, 1977; Alberto Venâncio Filho, San Tiago Dantas e o ensino jurídico, *Cadernos da PUC*, Rio de Janeiro, 3, 1974, p. 11 ss; Henry Steiner, Tradições e tensões na educação jurídica brasileira: um estudo sobre a mudança socioeconômica e legal, *Cadernos da PUC*. Rio de Janeiro, 3, 1974, p. 37 ss.

[3] Ver a propósito Miguel Reale, Para uma hermenêutica jurídica estrutural. *Revista da Faculdade de Direito*. São Paulo, v. LXXII, fasc. 1, 1977, p. 581 ss. Ver também, do mesmo autor, *Estudos de filosofia e ciência do direito*. São Paulo, 1978, p. 52 ss.

contra a abstração, contra a conceptualidade, contra a própria Dogmática. Pelo contrário, ela se volta, antes, contra a pretensão de um dispor conceitual autônomo sobre questões jurídicas apenas sob um ponto de vista cognitivo.

Neste sentido, uma problematização da Dogmática urge nos dias de hoje. Tal problematização, entretanto, não significa a substituição da Dogmática por uma problemática, mas uma proposição de novas bases para a reflexão sobre sua função e sobre seu próprio conceito.[4] Essa reflexão não pode ignorar que a Dogmática está ligada a uma dupla abstração; a própria sociedade, na medida em que o sistema jurídico se diferencia como tal, constitui, ao lado das normas, regras para a sua manipulação. Ora, esse é o material da Dogmática, tratando-se, portanto, da elaboração de um material abstrato num grau de abstração ainda maior.[5] Se isso, de um lado, lhe dá certa mobilidade, certa independência e certa liberdade, como condição do seu próprio trabalho, de outro, paga-se por isso um preço: a abstração e o risco de distanciamento progressivo da própria realidade. A Dogmática, transformando-se assim em abstração de abstração, vai preocupar-se, por exemplo, com a função das classificações, com a natureza dos conceitos etc.

Assim, se observarmos formalmente as obras de Dogmática Jurídica desde o século XIX, vamos notar a constância

---

[4] Neste sentido, ver a crítica de Miguel Reale ao pensamento problemático da Tópica de Viehweg em *O direito como experiência*. São Paulo, 1968, Ensaio VI.

[5] Essa dupla abstração já tinha sido notada por Emil Lask em sua obra programática, Rechtsphilosophie. In: *Gesammelte Schriften*, ed. por Eugen Herrigel, Tübingen, 1923, v. 1, p. 275 ss. Ela é assinalada, recentemente, por Niklas Lühmann, *Rechtssystem und Rechtsdogmatik*. Stuttgart, Berlin, Köln, Mainz, 1974, p. 13.

6 Função Social da Dogmática Jurídica • Ferraz Jr.

de duas partes relacionadas: uma voltada para o trabalho de aferição dos dados a partir de dogmas preestabelecidos, tendo em vista a solução de conflitos e caracterizada por uma forma jurisprudencial e sistemática de pensamento; outra voltada para a investigação de dogmas assumidos como historicamente construídos ou descobertos como princípios supremos da razão prática. Por isso mesmo, de lá para cá, os trabalhos de Dogmática Jurídica caracterizam-se por essas duas ordens de preocupação: antecedentes históricos e parte sistemática. Com o passar do tempo, contudo, a parte histórica de investigação das construções realizadas no passado e transmitidas ao presente, bem como a perquirição aberta dos princípios, foi tomando, ela própria, um caráter dogmático no sentido de se tornar mero dado preliminar para a sistematização e aplicação do Direito. Por extensão, a pesquisa dos fundamentos foi-se atrofiando, restando ao jurista mais e mais as técnicas de coordenação e aplicação de dispositivos normativos.

O século XX, no entanto, pressionado pelo advento das sociedades de massa e pela necessidade de conceber o Direito como um instrumento-chave de controle social, tende a modificar esse quadro. Essa situação forçou o aparecimento das pesquisas de base, a princípio ainda com intuitos imediatistas, tendo em vista a aplicação técnica do Direito vigente, mas, pouco a pouco, também em razão da elaboração legislativa como técnica de controle e instrumento do planejamento, fator de modificação da vida social, passando-se desta forma para a própria Dogmática.[6] Assim, se denominarmos

---

[6] Neste sentido, ver as propostas de ampliação do âmbito de interesse da Teoria Jurídica em Peter Noll, *Gesetzgebungslehre*, Reinbeck bei Hamburg, 1973, p. 9 ss. Ver também o encaminhamento de uma teoria funcional do Direito em Werner Krawietz, *Das positive Recht und seine Funktion*. Berlin,

essa velha preocupação do jurista com o comentário da lei, com a exegese do Direito e com a sistematização de dispositivos num corpo coerente de *Dogmática*,[7] veremos que ela se mantém ainda hoje sob a forma de constituição de doutrinas entendidas como sistemas teóricos, voltados para a solução de conflitos com um mínimo de perturbação social. Por sua vez, o trabalho de pesquisa de base voltado para a investigação de pressupostos e do controle de variáveis, tendo em vista a efetividade das soluções doutrinais que hoje começa a retomar o fôlego, constitui um outro campo de indagação que a Dogmática tende a incorporar.

2 Objetivos desta investigação

O tipo de indagação que desejamos fazer a respeito da Dogmática Jurídica, tendo em vista o quadro apresentado até agora, refere-se não propriamente a uma investigação dos fundamentos epistemológicos da Dogmática Jurídica, no sentido de uma teoria do conhecimento pura e simplesmente, mas vai mais além, procurando também descobrir-lhe a função social.[8] O problema, portanto, não é apenas o de determinar as condições de cognoscibilidade da elaboração

---

1967, p. 13 ss. Para uma percepção dessa visão do problema do controle no Direito Internacional, ver Celso Lafer, *Da reciprocidade no direito internacional econômico*: O Convênio do Café de 1976, São Paulo, 1977. Para o Direito Interno, ver Eros Roberto Grau, *Planejamento econômico e regra jurídica*, e Nelson Laks Eizirik, *O papel do Estado na regulação do mercado de capitais*. Rio de Janeiro, 1977. Ver ainda Norberto Bobbio, *Dalla struttura alla funzione*: nuovi studi di teoria del diritto, Milano, 1977, *passim*.

[7] Não se tome isto como uma definição de Dogmática, mas apenas uma descrição de um fato como hipótese de trabalho.

[8] A noção de *função* é assumida nos quadros críticos de Ralf Dahrendorf: *Sociedad y libertad*. Trad. de J. Jimenez Blanco, Madrid, 1971, p. 109 ss.

8 Função Social da Dogmática Jurídica • Ferraz Jr.

dogmática, mas sim o de determinar as relações entre seus processos cognoscitivos e a própria realidade social à qual ela se dirige. Trata-se, desse modo, de uma questão de relacionamento social da Dogmática Jurídica.

Nossa investigação pressupõe, neste sentido, a relevância do fator social nos processos de conhecimento.[9] O que pretendemos é, justamente, precisar as relações existentes entre a sociedade – entendida como um sistema de interações múltiplas, em que a complexidade de expectativas interativas é reduzida e se torna controlada – e os próprios processos de conhecimento. Sem dúvida alguma, isso nos obriga a uma visão até certo ponto interdisciplinar do problema, em que entram elementos de natureza filosófica, sociológica, antropológica, psicológica etc. Ela diz respeito, assim, em parte, a uma visão ampliada da antiga Sociologia do Conhecimento, a Sociologia do Conhecimento clássica, uma vez que se insere na tradicional problemática da influência do social no conhecimento, acrescentando-lhe a questão do controle social que a própria ciência realiza, no sentido de que a vida cotidiana está condicionada à interpretação da realidade de um modo coerente e significativo. Não falamos aqui em termos de uma teleologia, ou seja, não queremos dizer que a ciência realiza uma espécie de controle social, em termos de proposição dos fins, mas nos preocupamos

---

[9] Na literatura clássica da Sociologia do Conhecimento, ver, entre outros, Karl Mannheim, *Ideologie und Utopie*, 4. ed., Frankfurt/M., 1965; Irving L. Horowitz, *Philosophy, science and sociology of knowledge*, Springfield, 1960; Werner Stark, *The sociology of knowledge*, Londres, 1958. Para uma visão marxista aberta do problema da ideologia, ver Antonio Gramsci, *Gli intellectuali e l'organizzazione della cultura*, Torino, 1966, e *Note sul Macchiavelli, sulla politica e sullo Stato moderno*, Torino, 1966.

quanto ao sentido de um mínimo de intenção que se atribui aos fatos para organizar o comportamento.

O conhecimento é visto, assim, como uma atividade capaz de servir de mediação entre os dados da realidade e a resposta comportamental do indivíduo. Neste sentido, o conhecimento gera expectativas cognitivas, que são estruturas adaptativas destinadas a diminuir ou controlar a angústia humana perante a complexidade social.[10]

As sínteses significativas da ciência, de um modo geral, garantem a segurança e a certeza de expectativas sociais.[11] Elas poupam uma orientação constante em vista de situações concretas, funcionando como uma abreviatura simbólica para a integração das situações concretas. Com isso, elas absorvem ou diminuem os riscos de falha na ação humana pois, em razão delas, é sempre possível, com um certo grau de certeza, dizer quem agiu corretamente ou incorretamente, no sentido de que uma eventual discrepância não é devida a uma falha na expectativa, mas a uma falha na avaliação da expectativa das interações sociais.

---

[10] Sobre a noção de *expectativa cognitiva,* ver N. Luhmann, *Rechtssoziologie,* Reinbeck bei Hamburg, 1972, v. I, p. 40 ss. Luhmann vê a sociedade como um sistema de interações. As interações que podem ocorrer são infinitas, donde a sua complexidade. O sistema social consiste numa redução dessa complexidade, caso em que algumas interações são selecionadas. Em todo sistema pode ocorrer, porém, que as interações selecionadas não se realizem, realizando-se outra que não havia sido prevista. Todo sistema, por isso, assume esse risco, o risco da contingência que, em termos humanos, se traduz na angústia das desilusões possíveis. O conhecimento diminui essa angústia, ao estabelecer regularidades em que confiamos ao interagir.

[11] Ver, a propósito, Hans-Georg Gadamer, *Wahrheil und Methode.* Tübingen, 1960, p. 329 ss.

10 Função Social da Dogmática Jurídica • Ferraz Jr.

Ora, essa imersão da ciência dentro do social nos permite dizer que o conhecimento não é só *ergon*, isto é, resultado ou produto, mas, também, *energeia*. Por extensão, ele não é logicamente determinado, dispondo de uma margem de indeterminação e variabilidade que coloca os problemas clássicos da verdade e do erro, do sujeito e do objeto, da certeza, do condicionamento ideológico, da atuação sobre a realidade em termos de uma construção social etc. Consequentemente, a nossa postura teórica, perante a análise da Dogmática Jurídica enquanto uma forma de saber, inclina-se para uma descrição do modo como, de fato, se constrói a realidade que, subjetiva e objetivamente, é válida e está vigente numa dada sociedade. No fundo, nesta perspectiva em que se procura determinar a função social e a sociogênese de um conhecimento, a distinção entre conhecimento falso e verdadeiro é, até certo ponto, irrelevante, na medida em que qualquer conhecimento (científico ou não científico) é uma estruturação da realidade.

A ciência, nesses termos, é vista como uma das agências de socialização, pois permite a integração tanto do homem em um universo coerente, quanto de toda a sociedade. Esta função de socialização, contudo, não é tão simples de ser colocada, uma vez que existe, na tradição ocidental, um certo prejuízo no que se refere à relação entre o conhecimento teórico e a *praxis* social.[12] Esse prejuízo remonta, a nosso ver, à filosofia platônica. Para entendê-lo, vamos fazer uma breve

---

[12] Sobre o problema, ver Niklas Luhmann, Die Praxis der Theorie. In: *Soziologische Aufklärung*. 2. ed. Opladen, 1971, p. 253 ss. Para uma revisão desse problema em termos de uma oposição do *pensar* ao *conhecer* e ao *querer*, ver Hannah Arendt, *The life of the mind*, v. 1, Thinking, New York-London, 1978.

regressão à questão, tal como ela aparece na *República,* ligada ao problema sobre como fundar a relação entre governante e governado.

3 Relação entre a teoria e a *praxis*

Ao enfrentar esse tema, Platão vê-se obrigado a formular um problema de conhecimento que, na forma como ele o explicita, coloca de tal modo a questão da relação entre a teoria e a *praxis* que sua postura nos acompanha no correr dos séculos, até os dias de hoje. Como legitimar o domínio político? Platão,[13] para responder a esta pergunta, tinha à sua disposição dois modelos básicos: um, de âmbito público; outro, de âmbito privado da administração doméstica. O modelo público, corrente em sua época, era representado pela tirania. No entanto, para a opinião pública grega – como se vê, por exemplo, na *Antígone,* de Sófocles – o tirano destruía a esfera pública, pois privava o cidadão da faculdade política.[14] Tal modelo, portanto, não servia, motivo pelo qual Platão o abandona. Já o modelo doméstico nos mostrava o chefe da família como um déspota, um senhor investido do poder de coerção. Sendo um igual entre desiguais, a relação de obediência tornava-se, entretanto, inapta para ser um modelo político, no qual, segundo a cultura grega, todos deveriam ser iguais e livres. Portanto, o modelo doméstico também não servia a Platão. Diante disso, ele

---

[13] As observações que se seguem são de Hannah Arendt, *Entre o passado e o futuro.* São Paulo, 1972, p. 145 ss.

[14] Ver, a propósito, U. Joseph, *Knowledg e and the good in Plato's Republic.* Oxford, 1948. Ver também Ernst Hoffmann, *Platon,* München, 1961, esp. caps. 6 e 7. Ver ainda Hella Maudt, *Tyranislehre und Widerstandsrecht.* Darmstadt e Neuwied, 1974, p. 23 ss.

propõe, na *República,* a ideia do governo utópico da razão na pessoa do rei filósofo. O modelo platônico apelava, desse modo, para a coerção da razão com a finalidade de legitimar o domínio político. O que Platão procurava – uma relação entre governante e governado, em que o elemento coercivo repousasse na relação mesma, e fosse anterior à emissão de comandos – estaria assim localizado nas ideias percebidas pelo rei filósofo.

Após a morte de Sócrates, Platão passara a descrer da persuasão como possibilidade de guiar os homens, descobrindo que a verdade é mais forte que a argumentação, ou seja, reconhecendo que a verdade tinha um poder de coerção sem violência. Nesses termos, fundar a legitimidade do domínio político na *verdade* era uma forma de estabelecer uma relação de obediência sem violência. O problema, porém, é que a coerção da razão só valia para uma minoria. Ora, pergunta-se Platão, que fazer com a maioria? É este impasse, justamente, que nos vai revelar o problema da relação entre a teoria e a *praxis.*

Em seu esforço para mostrar que o princípio legítimo do domínio está na coerção da razão, Platão nos fala por meio de alegorias comuns na cultura helênica, como a do pastor e suas ovelhas, a do médico e do paciente, a do timoneiro e dos passageiros do barco, a do senhor e do escravo. Note-se que, em todos esses casos, é comum a tese de que o conhecimento especializado infunde confiança. Platão está, com isso, buscando aquela relação intersubjetiva, na qual o elemento coercivo deve repousar na própria relação e ser anterior à efetiva emissão de ordens. Isso é importante para entender o que ele espera da razão, ou seja, o poder coercivo não deve repousar na pessoa de quem comanda, nem na desigualdade entre as pessoas, mas, isto sim, nas ideias percebidas pelo governante, o que daria aos comandos a objetividade e a legitimidade requeridas. Esta tese dá ao conhecido mito da caverna um enfoque importante, o qual pode ser visto sob duas dimensões.[15] Primeiro, uma dimensão epistemológica que é, sem dúvida, a principal, e que está na contemplação das essências. O mito da caverna procura esclarecer essa contemplação e, portanto, explicar o processo de conhecimento. Segundo, uma dimensão prática, que decorre da anterior, pois mostra que o filósofo deve aprender, ao contemplar, a arte dos padrões e das medidas, o que leva à tese platônica do juízo como uma forma de subjunção.

Ora, a leitura do mito da caverna elucida, assim, o dilema que Platão irá enfrentar. Sabemos que, conforme a descrição do filósofo, os homens se encontram acorrentados na caverna, de tal modo que são capazes apenas de ver o fundo: a parede onde se projetam as sombras. Aquele que consegue romper com essas cadeias se encaminha para a abertura da caverna, sendo, então, capaz de *ver* as verdadeiras formas e, numa última etapa, de *ver* a própria luz que tudo ilumina. Sucede, porém, que o filósofo, este ente privilegiado, ao voltar à caverna, não vê mais aquilo que os outros ainda veem. E estes, por sua vez, não veem nem as formas nem a luz que as ilumina. Que significa esse contraste? Que significa essa dramática situação, na qual aquele que viu a verdade não é capaz de transmiti-la?

Coloca-se aqui, a nosso ver, o problema da relação entre a teoria e a *praxis*. O problema da *praxis* política é uma

---

[15] *República*, Livro VII, 516-517. A interpretação é de H. Arendt, cit., p. 149. De Platão, usamos a trad. de Benjamin Jowett, ed. da Britannica, Chicago London-Toronto-Geneve, 1952, p. 295 ss.

questão de *agir*. Por sua vez, Platão nos fala do filósofo como alguém que sai da caverna para *contemplar*. Platão percebe, então, a dificuldade de traduzir a verdade que é *vista*, que é *contemplada*, em *norma*, que é *medida e padrão da ação*. Tal dicotomia, aliás, será colocada muito mais tarde, em outro contexto, pelos neokantianos, como uma oposição entre ser e dever ser. O dilema, que acompanhará a filosofia e a ciência até hoje, é o da relação dicotômica entre a teoria e a *praxis*. Assim, nessa formulação, a verdade é vista. Mas, no nível da ação, ela se torna mero padrão e, portanto, uma questão de correção, ou seja, de adequação a uma medida.

O mito da caverna pressupõe o ser humano como alguém que quer ver e contemplar, o que é, para Platão, o aspecto decisivo de sua antropologia filosófica, a qual, de certo modo, informa nossa cultura até hoje. Trata-se da prioridade do ver sobre o fazer, do autor sobre o artífice, da ciência sobre a ação, da contemplação sobre o falar e o agir, da vida contemplativa sobre a vida ativa. A visão da verdade, porém, é um ato de solidão, enquanto o fazer conforme regras é um ato de comunidade, o que explica a dicotomia apontada.[16] No mito da caverna, o homem, para chegar a ver a verdade, liberta-se do convívio com os outros e sai solitariamente do lugar em que estava. Quando é recebido de volta pelos seus companheiros, ele é, então, repudiado. A saída de Platão para o problema posto por essa dicotomia, em que a visão da verdade é um ato de solidão e o fazer é um ato de comunidade, não deixa de ter uma ponta de cinismo. Para influenciar a ação dos homens que não veem, o filósofo – diz

---

[16] Sobre a teoria como ato solitário, ver Roberto José Vernengo, *Curso de teoría general del derecho*. 2. ed. Buenos Aires, 1976, Apêndice IV: Sobre la función social de la ciencia, p. 453 ss.

Platão – deve recorrer a mitos, tais como o da vida futura de castigos e recompensas, o chamado mito do inferno que só ele sabe ser apenas um mito, no qual ele não crê, mas que produz efeitos na medida em que os homens que ficaram presos dentro da caverna creem. Entretanto, esse uso da razão como instrumento de convencimento acaba por perverter a própria razão, que é contemplativa por essência. E o dilema continua: será válido traduzir a razão teórica num instrumento, para adaptá-la à *praxis*? Em que medida isto é possível? Quais são os elementos que tornam essa adaptação factível? E, finalmente, ao tornar a razão instrumento para o governo da comunidade, em que medida estamos pervertendo a própria razão?

Os problemas resultantes dessa tradição platônica no mundo de hoje são bastante expressivos. O caráter contemplativo da teoria faz dela um saber monológico que não se coloca a si mesmo perante a *praxis*, a não ser na forma de recomendações de técnica social capazes de controlar a ação racional tendo em vista certas finalidades. Nesse contexto, o âmbito das teorias sociais passa a ser constituído por *questões técnicas*, que se referem à organização racional da ação quanto a fins em relação a meios e à escolha entre meios alternativos para fins dados – valores, máximas –, e por *questões práticas*, que se colocam em atenção à aceitação ou recusa de normas, especialmente de normas de ação cuja pretensão de validade pode ser apoiada ou negada com fundamentos racionais. As teorias que pretendem enfrentar questões desse teor fornecem, então, interpretações que não são, porém, imediatamente efetivas como orientação da ação, mas que atuam antes como instrumentos de controle da massa despolitizada. Temos, de novo, o dilema platônico da perversão da razão no encontro do filósofo com os homens que ficaram

16 Função Social da Dogmática Jurídica • Ferraz Jr.

dentro da caverna. O que, na verdade, tende a transformar as teorias sociais em sistemas ideológicos, na medida em que surge o problema da relação entre ciência e seu uso como instrumento de controle da ação.[17]

No mundo contemporâneo, percebemos, a propósito das duas questões, de um lado o problema do crescimento da atividade intervencionista do Estado, que deve assegurar tanto a estabilidade quanto o desenvolvimento dos sistemas econômicos, o que explica a utilização da ciência com essa finalidade; de outro, como consequência, a crescente interdependência que passa a existir entre pesquisa técnica e administração estatal, que faz da ciência uma espécie de força de produção de primeira grandeza. A ligação entre ciência e atividade estatal serve, assim, de mascaramento para as relações de domínio, as quais deixam de aparecer como processo de formação da vontade para assumir a forma de uma tecnocracia.[18] Mas, como isso explica, quer pela exclusão de questões práticas importantes, quer por uma certa erosão de tradições culturais em nome da prioridade das questões técnicas, tal situação acaba gerando, no mundo de hoje, uma necessidade crônica de legitimação.[19]

---

[17] Cf. Jürgen Habermas, *Theorie und Praxis*, Neuwied am Rhein-Berlin, 1971, p. 9 ss.

[18] Sobre o tema, ver a coletânea organizada por Gustavo Bayer, *Tecnocracia e ideologia*. Rio de Janeiro, 1975, em especial os ensaios de Hans-Peter Dreitzel, Ação racional e orientação política, e de Hans Lenk, Tecnocracia e tecnologia: notas sobre uma discussão ideológica.

[19] Sobre o tema, ver Norberto Bobbio, *Sur le principe de légitimité*. Paris, 1967, incluído no v. 7 dos *Annales de Philosophie Politique*; Sérgio Cotta, *Éléments d'une phénoménologie de la légitimité*, incluído no mesmo volume; José Eduardo Faria, *Poder e legitimidade*. São Paulo, 1978.

Os dois aspectos do problema que pretendemos examinar em relação à Dogmática são, nesse sentido: (1) qual a função que a ciência passa a assumir na sociedade?; (2) como a sociedade acaba influindo na própria elaboração da ciência? Ou seja, numa só palavra, enfrentamos o problema da conexão sistemática entre a estrutura lógica das teorias e a estrutura programática das aplicações possíveis das informações por ela obtidas. Tais questões são propostas nos capítulos que se seguem em referência à Dogmática Jurídica, mas para apresentá-las, com um mínimo de realidade, pareceu-nos importante recorrer, inicialmente, à experiência histórica do próprio pensamento jurídico. Para tanto, será preciso ver, preliminarmente, de que modo este pensamento se entende a si próprio como teoria, o que nos obrigará a examinar a sua relação com a própria ciência em cada época e o papel desempenhado por ela na própria sociedade.

1

AS ORIGENS DO PENSAMENTO DOGMÁTICO

SUMÁRIO: 1 A jurisprudência romana; 2 A dogmaticidade na Idade Média; 3 A teoria jurídica na Era Moderna; 4 A positivação do Direito a partir do século XIX; 5 A Dogmática na atualidade.

Um exame da função social da Dogmática Jurídica, nos dias de hoje, exige uma visão do panorama histórico com a finalidade de identificar tanto o papel por ela desempenhado na vida social, quanto o modo pelo qual este pensamento dogmático gradativamente se desenvolveu em nossa cultura. Tal panorama, na medida em que revela como a Dogmática Jurídica conseguiu afirmar-se e justificar-se, em termos teóricos, delimita o objeto desta investigação: os próprios argumentos que estão por trás dos esforços de justificação, por parte da doutrina. Por isso mesmo, antes de uma enumeração das teorias sobre a Dogmática, o que realmente nos interessa são as teorizações jurídicas que, com o tempo, pouco a pouco passaram a constituir o que atualmente chamamos de Dogmática Jurídica.

1 A jurisprudência romana

A jurisprudência romana se desenvolveu numa ordem jurídica que, na prática, correspondia apenas a um quadro geral. A legislação restringia-se, por seu lado, tanto na época da República, quanto na do Principado, à regulação de matérias muito especiais. Assim, o Direito Pretoriano não era algo completo, uma vez que, de modo semelhante à equidade no Direito anglo-saxão, representava apenas uma forma supletiva da ordem jurídica vigente: era criado *adjuvandivel supplendivel corrigendi juris civilis gratia*. Além disso, não era apresentado na forma de proposições jurídicas materiais. O edito do pretor, no qual ele estava contido, por exemplo, consistia em esquemas de ação para determinados fatos-tipos e em fórmulas para a condução de processos. Por isso, não apenas faltavam certas regras (como as de preenchimento de contratos) mas, quando elas apareciam sob a forma de fórmulas (no caso de contratos de compra e venda), estas frequentemente eram apenas molduras que deveriam, então, ser preenchidas para uma aplicação prática. Com isso, a tarefa de constituir uma espécie de conjunto teórico capaz de preencher esses claros não foi possível de ser executada no período clássico, mesmo porque, a essa altura, a jurisprudência era exercida por jurados, em geral leigos. Apenas com o desenvolvimento do *Concilium* imperial, transformado na mais alta instância judicante do Império, é que apareceu essa possibilidade de uma teoria jurídica, com o surgimento de juízes profissionais.

A influência dos juristas manifestou-se de outro modo, sob a forma dos *responsa,* que, mais tarde, apareceriam em uma forma escrita, em termos de uma informação sobre determinadas questões jurídicas levadas aos juristas por uma das partes, sendo apresentadas no caso de um conflito diante do tribunal. Os *responsa* são, por assim dizer, o início de uma teoria jurídica entre os romanos. A princípio, eles argumentam pouco, no sentido de um desenvolvimento concatenado e lógico de premissas e conclusões, limitando-se a apoiar-se em personalidades de reconhecido mérito na sociedade romana. O desenvolvimento de *principia* e de *regulae* aparece mais tarde, na medida em que o acúmulo dos *responsa* conduz ao seu entrelaçamento, à escolha das premissas e ao fortalecimento das opiniões por meio de justificações. Daí, consequentemente, o recurso a instrumentos técnicos, em geral aprendidos dos gregos, que contribuem, então, com sua retórica, sua gramática, sua filosofia etc.[1]

Embora essa influência grega seja bastante discutível, ainda que defendida por autores de renome como Stroux, ela nos permite, ao menos, ensaiar uma descrição deste modo de teorizar o Direito, característico dos romanos. Trata-se de uma maneira de pensar que se pode denominar de jurisprudencial. A palavra *jurisprudência* liga-se, neste sentido, àquilo que a filosofia grega chamava de *fronesis*. Tal palavra era entendida, entre os gregos, como uma forma de saber. *Fronesis*, uma espécie de sabedoria e capacidade, na verdade, consistia numa virtude desenvolvida pelo homem prudente, capaz en-

---

[1] Ver Helmut Coing, *Grundzüge der Rechtsphilosophie*. Berlin, 1969, p. 299. Essa influência foi acentuada por Johannes Stroux, *Romische Rechtswissenschaft und Rhetorik*, Potsdam, 1949, p. 94 ss. Ver também Paul Koschaker, *Europa unddas römische Recht*, München e Berlin, 1966, p. 167. Ver ainda Sílvio A. B. Meira, *História e fontes do direito romano*. São Paulo, 1966; Alexandre Corrêa e Caetano Sciascia, *Manual de direito romano*. 2. ed. São Paulo, 1953; Wolfgang Kunkel, *An introduction to Roman legal and constitutional history*. Trad. de J. M. Kelly, Oxford, 1975, p. 95 ss.; Michel Villey, *O direito romano*. Trad. de Maria Helena Nogueira, Lisboa, 1973, p. 59 ss.

22 Função Social da Dogmática Jurídica • Ferraz Jr.

tão de sopesar soluções, apreciar situações e tomar decisões. Para que a *fronesis* se exercesse, era necessário o desenvolvimento de uma arte no trato e no confronto de opiniões, proposições e ideias que, contrapondo-se, permitiam uma explanação das situações. Essa arte ou disciplina corresponde aproximadamente àquilo que Aristóteles chamava de *dialética*. *Dialéticos*, segundo o filósofo, eram discursos somente verbais, mas suficientes para fundar um diálogo coerente – o discurso comum.

Com efeito, a dialética, a arte das contradições, tinha por utilidade o exercício escolar da palavra, oferecendo um método eficiente de argumentação. Ela nos ensinava a discutir, representando a possibilidade de se chegar aos primeiros princípios da ciência. Partindo de premissas prováveis que representavam a opinião da maioria dos sábios através de contradições sucessivas, ela chegava aos princípios cujo fundamento, no entanto, era inevitavelmente precário. Este caráter da dialética, que tornava possível confrontar as opiniões e instaurar entre elas um diálogo, correspondia a um procedimento crítico. A crítica não era, apenas, uma espécie da dialética, mas uma das suas formas mais importantes.[2] A crítica não era bem uma ciência, com objeto próprio, mas uma arte geral, cuja posse podia ser atribuída a qualquer pessoa. A importância dessa crítica, feita mediante a prova da tese contrária, estava no fortalecimento das opiniões pela erradicação progressiva das equivocidades. No fundo, tratava-se, pois, de um meio para se resolverem aporias, para se enfrentar a ambiguidade natural da linguagem e para buscar a alteridade e a identidade, levantando-se premissas e

---

[2] Ver Aristóteles, *Refutações sofísticas*, 172a-21. Usamos a trad. de J. Tricot, Paris, 1950.

opiniões. A dialética, em suma, era uma espécie de *lógica da verdade procurada*.[3]

O pensamento prudencial desenvolvido nos *responsa* dos juristas romanos tinha algo de semelhante com as técnicas dialéticas. Se é verdade que não é fácil comprovar uma relação estrita entre ambos, também não se pode negar que os textos mostram, exatamente, discussões de opiniões e busca de soluções semelhantes à argumentação dialética. Por exemplo: num texto de Juliano, no qual se discutia a aquisição por usucapião do filho de uma escrava roubada, nota-se que a questão é apresentada, inicialmente, sob a forma de um problema.[4] Segue-se uma série de soluções referentes a um conjunto de alternativas para as quais se buscam pontos de apoio, tendo em vista uma argumentação. Tais pontos de apoio são retirados de outros textos já comprovadamente aceitos e reconhecidos, de tal forma que o jurista coloca um problema e trata, em seguida, de encontrar argumentos. Ele vê-se, então, levado a não ordenar o caso ou os casos dentro de um sistema prévio, exercendo seu juízo por considerações medidas e vinculadas; pressupõe, é verdade, um nexo entre os casos e as alternativas, mas nem busca um sistema global, nem parte da sua pressuposição. Dá, assim, um tratamento ao seu tema, que nos lembra o *reasoning from case to case* anglo-saxão, mas que com ele não se confunde, pois seu empenho não é tomar casos já decididos em toda sua extensão, porém abstrair o caso e ampliá-lo de tal maneira que se

---

[3]   Cf. Pierre Aubenque, *Le problèeme de l'être chez Aristote*. Paris, 1962, p. 71 ss. Do mesmo autor, *La prudence chez Aristote*. Paris, 1962.

[4]   O exemplo é de Theodor Vieh weg, *Topik und Jurisprudenz*. 5. ed. München, 1974, p. 46 ss. Outros exemplos em Fritz Schulz, *Geschichte der römischen Rech tswissenschaft*, 1961.

24 Função Social da Dogmática Jurídica • Ferraz Jr.

possa obter a partir dele uma regra geral. Esse modo de teorizar, característico do pensamento jurisprudencial romano, desenvolveu-se propriamente a partir de uma experiência própria, ditada pelo trato com os conflitos e com a necessidade de se apresentarem soluções. Embora tenha relações com a *dialética* e a *retórica* gregas, estas não devem esconder este fato da experiência autóctone romana.

O uso da técnica dialética no desenvolvimento do pensamento prudencial conduziu os romanos a um saber considerado de natureza prática. No desenvolvimento deste saber, os romanos sem dúvida produziram definições duradouras e critérios distintivos para as diferentes situações em que se manifestavam os conflitos jurídicos e sua *praxis*. Daí o aparecimento de técnicas dicotômicas de construção de conceitos, quase sempre introduzidas sob a forma de pares, como, por exemplo, *actio in rem* e *actio in personam, res corporales* e *incorporales, ius publicum* e *ius privatum* – técnica esta mais tarde denominada *divisio,* a qual não foi um produto, pura e simplesmente, da sua *praxis,* mas teve alguma influência dos modelos gregos como os modelos produzidos pela Gramática.[5]

Embora a *praxis* fosse tipicamente romana, parece que os juristas que, pouco a pouco, se propuseram a teorizar em cima dessa *praxis* provavelmente apelaram para os modelos gregos. Assim, a Gramática grega conhecia, já pelo ano 100 a.C., uma distinção dos *nomina* em gêneros e espécies,

---

[5] Ver Stroux, p. 94. Sobre estas técnicas, ver Heinrich Lausberg, *Handbuch der literarischen Rhetorik.* München, 1960, 2 v., v. I, *passim.* Ver também Wolfgang Fikentscher, *Methoden des Rechts in Verg leichender Darstellung,* v. I, Tübingen, 1975, p. 355 ss.

motivo pelo qual se pode estabelecer uma analogia com a distinção jurídica entre *personae* (*nomina propria*) e *res* (*appellativa*).

O pensamento prudencial desenvolvido primeiramente através dos *responsa* atuava, tecnicamente, como uma espécie de mediação entre a relativamente parca legislação e a necessidade de se construírem regras intermédias que possibilitassem a solução dos conflitos concretos. Mas, além disso, se perguntarmos qual era a função social desse modo de pensar e da teoria que daí decorria, obteremos interessantes resultados. Na verdade, sob a proteção de um domínio politicamente estabilizado é que se desenvolveu o poder de argumentar e de provar. Numa sociedade como a romana, com suficiente diferenciação social, foi possível o desenvolvimento desse estilo de pensamento ligado à figura do homem prudente. Graças a ela, as pretensões normativas, que, em sociedades primitivas, têm uma imediatidade expressiva (isto é, ou estamos *no Direito* ou estamos excluídos socialmente), perdem este caráter, relacionando-se claramente a regras e valores aceitos por todos, na expectativa de continuidade da vida social. Com isso, são criadas possibilidades para que o chamado comportamento desviante também tenha seu lugar, permitindo-se ao delinquente uma argumentação com os mesmos valores e regras no intuito de neutralizar, simbolicamente, seu próprio comportamento.[6] Ora, é este procedimento que conduz à especialização de juízos e tribunais como estruturas diferenciadas na *polis*, induzindo a uma verbalização e uma reflexão da própria imagem da sociedade romana que se julga a si mesma através de processos jurídicos. Nestes processos, o juiz, que nem é

---

[6] Cf. Niklas Luhmann, *Recht ssoziologie*, 2 v., Reinbeck bei Hamburg, 1972, v. I, p. 145 ss.

um mágico nem um guarda de rituais, torna-se alguém que decide e responde por sua decisão enquanto juiz. Para que isso fosse possível, por sua vez, o Direito teria de alcançar, como de fato pouco a pouco alcançou, um nível de abstração maior, tornando-se um regulativo abstrato capaz de acolher indagações a respeito de divergentes pretensões jurídicas. Ou seja: o Direito assumiu a forma de um programa decisório no qual eram formuladas as condições para uma decisão correta. É justamente aqui que surge o pensamento prudencial com suas regras, princípios, figuras retóricas, meios de interpretação, instrumentos de persuasão etc. Socialmente, ele se separa do próprio Direito e permite, então, que o Direito em si não seja visto sob a forma de luta, como uma espécie de guerra entre o bem e o mal, mas como uma ordem reguladora dotada de validade para todos, em nome da qual se discute e se argumenta. Em outras palavras, as figuras construtivas da Dogmática nascente deixam de ser parte imanente da ordem jurídica para serem mediação entre esta e as decisões concretas.[7]

O desenvolvimento de um pensamento prudencial como teoria do Direito representa, assim, um certo distanciamento dos procedimentos decisórios concretos em relação à ordem normativa capaz de possibilitar uma importante distinção que marca, peculiarmente, a sociedade romana. Referimo-nos à distinção entre as questões de Direito e as questões de fato, ou seja: o desenvolvimento da prudência permite que não se veja o Direito como assentado concretamente nos próprios eventos, mas em normas tomadas como critério para posterior julgamento à vista dos fatos. Isto significa que a interpretação do Direito, alvo máximo da Dogmática

---

[7] Luhmann, cit., p. 179 e 181. Ver também Kunkel, op. cit., p. 84 ss.

em desenvolvimento, destaca-se do caso concreto, constituindo uma discussão por si com critérios próprios, abstratos se comparados com a experiência das disputas do dia a dia. Em outras palavras, o estabelecimento de fatos relevantes para o Direito passa a ser uma questão jurídica e não um problema imanente aos fatos. Só com o desenvolvimento da prudência a expressão "aplicação do Direito" toma então um sentido autêntico.

Além disso, também há nesse papel mediador uma função política que não pode ser esquecida. A sociedade romana já era uma sociedade diferenciada: templos, igrejas ou claustros, sacerdotes e sábios, que já não se ocupam apenas com a interpretação religiosa dos acontecimentos, mas voltam-se para uma interpretação da própria religião. Aparecem, igualmente, os mercados, que permitem a equalização das necessidades econômicas entre não parentes. Já o domínio político se localiza em centros de administração. O primado do centro político na funcionalização da sociedade é um dado importante, sobretudo para a estrutura jurídica. Afinal, o estabelecimento da *polis* torna-se ligado a transformações relevantes, surgindo uma fórmula que domina o pensamento *juspolítico*: *polis* ou sociedade política, *civitas* ou *societas civilis*, o que conduz à ideia de institucionalização do Direito em relação aos homens enquanto homens – o homem enquanto ser livre. Uma segunda institucionalização ocorre paralelamente à forma do domínio, ordem hierárquica de prestígio que atravessa tanto as diferenças políticas quanto as religiosas, as econômicas, as militares etc., conduzindo a mecanismos secundários, como símbolos de *status,* modos distintos de comunicação, linguagem própria etc. A essas diferenças hierárquicas seguem-se, ainda, diferenças nos papéis que também são hierarquizados, com normas e liberdades diferentes. Correspondentemente temos, então, estruturas assimétricas de comunicação: ordens de cima e obediências de baixo. Por último, temos, então, fórmulas decisórias de validade permanente que não ficam presas ao ocasional, mas aspiram a uma validade intemporal.[8]

O Direito, diante dessa diferenciação funcional, ainda difusa, apoia-se na institucionalização de certas possibilidades de escolha de uma forma de liberdade. Tal escolha se refere à execução de procedimentos decisórios jurídicos e à consistência, independentemente da situação, de uma hierarquia burocrática que decide e impõe decisões sem a necessidade de se recorrer a relações de parentesco, como as que predominam em sociedades primitivas. Ele se torna, assim, um complexo de expectativas normativas que se manifesta através de jurisdição e que tem de ser legitimado. É aqui, justamente, que surge a jurisprudência como uma mediação entre a autoridade e a decisão concreta.

A autoridade, como fundamento legitimante da relação de obediência, é uma descoberta tipicamente romana.[9]

Participar da política era, para o romano, preservar a fundação da cidade de Roma. Os romanos fundaram somente uma única cidade, que foi sendo ampliada. A fundação de Roma é o fato originário de sua cultura, motivo pelo qual a religião romana tem um sentido que a própria palavra revela: religião vem de *re-ligare*, ou seja, estar ligado ao passado, estar a ele obrigado no sentido não de conservá-lo estaticamente, mas de mantê-lo sempre presente, isto é, de

---

[8] Cf. Max Weber, *Wirtschaft und Gesellschaft,* Tübingen, 1976, p. 464 ss.

[9] Ver Hannah Arendt, *Entre o passado e o futuro.* Trad. de Mauro W. Barbosa de Almeida. São Paulo, 1972, p. 162 ss.

aumentá-lo. Neste contexto, aparece a palavra *auctoritas*, a qual provém de *augere*, que significa aumentar: *aumentar a fundação*. Nesse sentido, a autoridade dos vivos decorria daqueles que haviam fundado a cidade e que transmitiam aos dirigentes esse domínio por intermédio da tradição. Daí o *culto* dos antepassados, chamados de *maiores* e vistos como base legitimante do domínio político. Os romanos perceberam, assim, a diferença entre *potestas* e *auctoritas*, sendo a *potestas* ligada ao fazer, o que tinha uma prospecção futura, enquanto a *auctoritas* estava ligada ao passado, uma espécie de engrandecer para o passado. Ora, a força coerciva da autoridade, nos diz Hannah Arendt citando Mommsen, estava ligada à força religiosa dos *auspices*, os quais, ao contrário dos oráculos gregos, não sugeriam o curso objetivo dos eventos futuros, mas revelavam apenas a confirmação ou desaprovação dos deuses para as decisões dos homens. Os deuses romanos não determinavam o que os homens fariam, mas apenas aumentavam – isto é, engrandeciam – as ações humanas. Assim, tinham autoridade aqueles que eram capazes de arcar com o peso de aumentar a fundação. Daí a importante noção romana de *gravitas,* traço proeminente dos seus juristas?[10]

O desenvolvimento da jurisprudência romana, a nosso ver, está ligado a esse quadro. Afinal, o jurista, mais do que pelo seu saber – saber, aqui, tomado num sentido grego de conhecimento –, era respeitado pela sua *gravitas,* o que indicava estar ele mais perto dos antepassados.[11] Entende-se, por isso, que a teoria jurídica romana não era exatamente

---

[10] H. Arendt, cit., p. 165.

[11] Neste sentido, observa Kunkel, Augusto escolheu os juristas, que deteriam o *jus respondendi*, dentre os senadores, sobretudo em razão do

30 Função Social da Dogmática Jurídica • Ferraz Jr.

uma contemplação no sentido grego (*theoria*), mas, antes, a *manifestação autoritária dos exemplos e dos feitos dos antepassados e dos costumes daí derivados.* Os próprios gregos e sua sabedoria só se tornaram *autoridade* por meio dos romanos, que os fizeram seus antepassados em questões de filosofia, poesia, em matéria de pensamentos e ideias. Assim, o pensamento jurisprudencial dos romanos, embora se ligue de alguma maneira à prudência e à retórica gregas, tem um sentido próprio, alheio até certo ponto ao problema da relação entre teoria e *praxis*, como acontecia com Platão.

Portanto, quando falamos no pensamento jurídico em Roma, devemos ter em conta que suas doutrinas, como conhecimento, têm pouco significado em termos da disputa entre teoria e *praxis*.[12] Enquanto a prudência grega – em Aristóteles, por exemplo – era uma promessa de orientação para a ação no sentido de se descobrir o certo e o justo, a jurisprudência romana era, antes, uma *confirmação*, ou seja, um *fundamento* do certo e do justo. Com isso, a jurisprudência tornou-se entre os romanos um dos instrumentos mais efetivos de preservação da sua comunidade, quer no sentido de um instrumento de autoridade, quer no sentido de uma integração social ampla. De certo modo, graças à tríade religião/autoridade/tradição, a jurisprudência efetivamente deu ao Direito uma generalização que a filosofia prática dos gregos não conseguira. Criou-se a possibilidade de um saber

---

prestígio da classe senatorial como salvaguarda do interesse público. Cit., p. 108.

[12] Para um confronto entre o pensamento grego e o romano, ver Fikentscher, cit., p. 235 ss. A propósito, nos diz Miguel Reale, "o povo grego move-se à luz da *ratio*, esquematizadora do real, enquanto o romano refoge das atitudes contemplativas frente à vida: seu pensamento já é esboço de ação". *Horizontes do direito e da história*. São Paulo, 1956, p. 63.

que era a ampliação da fundação de Roma e que se espalhou por todo o mundo conhecido como um saber universal, surgindo, assim, a possibilidade de um conhecimento universal do Direito fundado, se não teoricamente, ao menos de fato.

2 A dogmaticidade na Idade Média

A ciência europeia do Direito propriamente dita nasceu em Bolonha no século XI.[13] Com um caráter novo, mas sem abandonar o pensamento prudencial dos romanos, ela introduz uma nota diferente no pensamento jurídico: sua dogmaticidade. O pensamento dogmático, em sentido estrito, pode ser localizado nas suas origens nesse período. Seu desenvolvimento foi possível graças a uma resenha crítica dos digestos justinianeus (*Littera Boloniensis*), os quais foram transformados em textos escolares do ensino na universidade.

Aceitos como base indiscutível do Direito, tais textos foram submetidos a uma técnica de análise que provinha das técnicas explicativas usadas em aula, sobretudo no *Trivium* – Gramática, Retórica e Dialética –, caracterizando-se pela glosa gramatical e filológica. Na sua explicação, o jurista cuida de uma harmonização entre todos eles, desenvolvendo uma atividade eminentemente exegética, que se fazia necessária porque os textos nem sempre concordavam, dando lugar às *contrarietates*, as quais, por sua vez, levantavam as *dubitationes*, conduzindo o jurista à sua discussão, *controversia, dissentia, ambiguitas*, ao cabo da qual se chegava a uma *solutio*. A *solutio* era obtida quando se atingia, finalmente, uma concordância. Seus meios eram os instrumentos retóricos

---

[13] Cf. Franz Wieacker, *Privatrechtsgeschichte der Neuzeil*. Göttingen, 1967, p. 46.

32 Função Social da Dogmática Jurídica • Ferraz Jr.

para evitar-se incompatibilidade, isto é, a divisão do objeto no tempo e no espaço, a hierarquização dos textos conforme a dignidade da sua autoridade e a distinção entre textos gerais e especiais, conforme o esquema escolástico da tese, da antítese e da *solutio*.[14]

A teoria jurídica torna-se, então, uma disciplina universitária, na qual o ensino era dominado por textos que gozavam de autoridade. Estes eram, além do *Corpus Juris Civilis*, de Justiniano, o *Decretum* de Graciano, de 1140, além das fontes eclesiásticas que formavam os cânones. Por fim, as coleções de decretos papais. As fontes contemporâneas eram consideradas secundárias e, na teoria, subordinadas às anteriores.[15] Como, porém, os textos discutiam casos singulares tomados como protótipos, o pensamento prudencial não chegou a desaparecer. Apenas seu caráter é que foi mudado: de casos problemáticos, eles são transformados em casos paradigmáticos, que deviam traduzir uma harmonia. Com isso, em vez de se utilizar basicamente dos recursos prudenciais – como a equidade e a apreciação dos interesses em jogo –, o jurista vai mais além, procurando princípios e regras capazes de reconstituir harmonicamente o *corpus*. Neste sentido, a prudência se faz dogmática. Sendo assim, qual a função social dessa forma de pensar?

Na verdade, para se entender essa combinação entre prudência e dogmática, é preciso verificar o que sucedeu com a *auctoritas* romana. Após o declínio do Império Romano, a

---

[14] Cf. Wieacker, cit., p. 52 ss. Ver também Fikentscher, citado, p. 377 ss. A obra mais completa a respeito é, porém, a de Gerhard Otte, *Dialeklik und Jurisprudenz*: Untersuchungen zur Methode der Glossatoren. Frankfurt M., 1971.

[15] Cf. Helmut Coing, cit., p. 301.

herança espiritual e política de Roma passou para a Igreja Cristã. Neste sentido, a Igreja se romaniza ao fazer do nascimento, morte e ressurreição de Cristo a pedra angular de uma nova fundação, da qual os Apóstolos se tornam pais fundadores, transmitindo de geração a geração a tarefa de aumentar a fundação. Mas quando a Igreja se institucionaliza politicamente, após Constantino, ela, tornando-se religião no sentido romano, enfrenta a influência avassaladora do pensamento grego, que os romanos haviam romanizado mas não absorvido como tal. Essa absorção vai ocorrer através dos filósofos cristãos, sobretudo de Santo Agostinho.[16]

Após o século V, assumindo-se como instituição política, a Igreja adota a distinção romana entre *auctoritas* e *potestas*, reclamando para si a primeira e deixando a segunda, que não estava mais "nas mãos do povo", como dizia Cícero, para os príncipes seculares. Tal separação, aliás, deixou, pela primeira vez desde os romanos, o político sem autoridade, só com o poder. Como, ao contrário do romano, a autoridade do Cristo era transcendente ao mundo político, para justificá-la o cristianismo teve de amalgamá-la com os padrões e as medidas transcendentes da tradição platônica. Juntam-se no seu pensamento, num só, os conceitos de início e de fundação com a ideia grega de medida transcendente da razão, de verdade.[17]

---

[16]   Cf. Hannah Arendt, cit., p. 168 ss. A base da filosofia de Santo Agostinho, nos diz Arendt: *sedis animi est in memoria*, é "aquela articulação conceitual da experiência especificamente romana que os próprios romanos, avassalados como eram pela Filosofia e pelos conceitos gregos, jamais completaram", p. 169.

[17]   Cf. Hannah Arendt, cit., p. 170. Ver também Fikentscher, cit., p. 365 ss.

34 Função Social da Dogmática Jurídica • Ferraz Jr.

A Igreja reintroduz, assim, o mito do inferno, que agora se transforma em dogma de fé – e os dogmas que produzem a Teologia influenciarão o pensamento jurídico que vai, então, assumir o caráter de pensamento dogmático. Tal pensamento nasce, pois, desse amálgama entre a ideia romana, a ideia de cúria e a ideia de escola. Consequentemente, nos dogmas, autoridade e razão se mesclam, aparecendo os textos como verdadeira *ratio scripta*, fundamento de todo o Direito. Neste sentido, a teoria do Direito medieval, ao conciliar o espírito grego da *fronesis*, no sentido de orientar a ação, com o espírito romano da prudência, no sentido de confirmar o certo e o justo, instaura pouco a pouco uma teoria que vai servir ao domínio político dos príncipes, como instrumento do seu poder. Isto significa que, de certo modo, ela volta a ser mais orientação para a ação e para a decisão do que manifestação de autoridade. A partir daí é que se abre o caminho para uma progressiva tecnicização da teoria jurídica, em termos de um instrumento político.

Neste sentido, a principal característica para a compreensão do pensamento dogmático desenvolvido nesse período está na presença do princípio da proibição da negação, isto é, do princípio da não negação dos pontos de partida das séries argumentativas. Nesses termos, Julius Kraft[18] define uma disciplina como dogmática na medida em que ela considera certas proposições, em si e por si, arbitrárias como estando acima da crítica, renunciando, assim, ao postulado da pesquisa independente. É preciso notar, entretanto, que a função da Dogmática não consiste no postulado da proibição da negação, mas apenas depende dele, como, aliás, a evolução

---

[18] Julius Kraft, Vorfragen der Rechtssoziologie. In: *Zeitschrift für Vergleichende Rechtswissenschaft*, 45, 1930, p. 29 ss.

histórica nos tem mostrado. O desenvolvimento da Dogmática não é uma prisão para o espírito, mas sempre representou um aumento das liberdades no trato com a experiência e com textos. Socialmente, a conceptualização dogmática que se desenvolve nesse período possibilita, neste sentido, justamente um distanciamento em questões sobre as quais a sociedade esperava uma vinculação. Isso ocorria porque o pensamento dogmático se liga, em sua própria vinculação, a textos sobre os quais ele dispõe conceitualmente, ou seja, o pensamento dogmático parte de textos – textos vinculantes – os quais só podem ter um sentido através da conceptualização que deles decorre. Por isso, o pensamento dogmático acaba permitindo uma manipulação dos próprios dogmas. É nesses termos que se torna possível afirmar que a Dogmática se transforma num instrumento de poder.

Aliás, como nos mostra Wieacker,[19] essa função sociopolítica do pensamento dogmático pode ser comprovada historicamente. O jurista dessa época, diz ele, ainda que aparentemente tivesse a imagem do homem desligado da vida, voltado para textos e interpretações de textos, é um fator importante na vitória progressiva da ideia do Estado racional que irá dominar a política nos séculos seguintes. Essa sua participação repousa, sobretudo e caracteristicamente, na sua técnica formal, ou seja, nas técnicas de análise de textos e casos, ligadas ao estilo argumentativo da retórica prudencial. A teoria jurídica, tornada uma disciplina universitária, objetiviza o tratamento das questões públicas ao neutralizar até certo ponto as emoções e os interesses materiais.

---

[19] Wieacker, cit., p. 93 ss. Ver também Max Weber, cit., p. 492 ss. Ver ainda Myron P. Gilmore, *Humanists and jurists*. Oxford, 1963, ensaio nº III, *The lawyers and the Church in Italian Renaissance*, p. 61 ss.

36 Função Social da Dogmática Jurídica • Ferraz Jr.

Esse desempenho não chega ao Direito Privado, mas atinge as atividades diplomáticas e administrativas, as quais passam a ser influenciadas por juristas. Assim, os juristas auxiliam a elaboração do Estado Moderno não apenas através dos tribunais, pois, ao darem uma fundamentação jurídica às pretensões de soberania dos príncipes, a partir do *Corpus Justinianeu*, interpretado de forma quase absoluta, eles também fornecem uma técnica de tratamento de atas e de negociações. Uma medida que, na prática, torna possíveis os principados, já que o Estado Moderno concentra, racionaliza e objetiva as formas de domínio através do câmbio pessoal dos cargos e da instauração de aparelhos administrativos que pairam acima dos interesses pessoais. Não se pode negar que o pensamento dogmático contribui decisivamente para isso, na mesma proporção em que os canonistas, por intermédio do Direito Canônico, construíram a Igreja. Afinal, só o jurista é que domina, àquela altura, as operações analíticas através das quais a complexa realidade política pode ser devidamente dominada.

3 A teoria jurídica na Era Moderna

A era do Direito Racional vai de 1600 a 1800, aproximadamente, e se caracteriza pela influência dos sistemas racionais na teoria jurídica.[20] *Auctoritas* e *ratio* haviam dominado o pensamento jurídico medieval, cujo caráter dogmático assinala um respeito pelos textos a serem interpretados, tomados como pontos de partida das séries argumentativas.

Tal vinculação aos textos não é eliminada, mas se torna ainda mais sensível na medida em que a exegese jurídica vai

---

[20] Ver Wieacker, cit., p. 249.

tornando-se mais artificial e mais livre, para evitar um rompimento das necessidades práticas com o *corpus juris*. No entanto, quando o pensamento europeu começa a distanciar-se da cosmovisão medieval, a teoria jurídica perde a sua conexão metódica com suas bases. O humanismo renascentista modifica a legitimação do Direito Romano, purificando e refinando o método da interpretação dos textos e, com isso, abrem-se as portas para a entrada da ciência moderna na teoria jurídica.[21]

Os modernos pensadores não indagam mais, como os antigos, das relações morais do bem na vida, mas sim das suas condições efetivas racionais de sobrevivência.[22] Tais necessidades práticas de uma sociedade tornada mais complexa exigem soluções técnicas que estão na base do desenvolvimento das doutrinas jurídicas. Assim, se o problema antigo era o de uma adequação à ordem natural, o moderno será, antes, como dominar, tecnicamente, a natureza ameaçadora. É nesse momento que surge o temor que irá obrigar o pensador a indagar como proteger a vida contra a agressão dos outros, o que entreabre a exigência de uma organização racional da ordem social. Daí, consequentemente, o desenvolvimento de um pensamento jurídico capaz de certa neutralidade, como exigem as questões técnicas, conduzindo a uma positivação e a uma formalização do antigo Direito Natural. Tal formalização é que vai ligar o pensamento jurídico ao chamado pen-

---

[21] Ver Fikentscher, cit., p. 386 ss.

[22] Ver Habermas, *Theorie und Praxis*, Neuwied am Rhein e Berlin, 1971, p. 56 ss. Ver a propósito a noção de *Razão de Estado* em Friedrich Meinecke, *Machiavellism*: the doctrine of raison d'État and its place in modern history. Trad. de Douglas Scott, London, 1962, p. 1 ss. Sobre o mesmo tema, ver Miguel Reale, *Horizontes do direito e da história*, cit., p. 90; Celso Lafer, *Gil Vicente e Camões*. São Paulo, 1978, p. 112 ss.

38 Função Social da Dogmática Jurídica • Ferraz Jr.

samento sistemático. Entre as críticas então feitas à antiga forma de os glosadores realizarem sua teoria está sua falta de sistematicidade.[23] Evidentemente, existia neles certo impulso para um tratamento sistemático da matéria jurídica, mas ainda longe das exigências que a nova ciência moderna iria estabelecer. Nesta época, introduz-se, igualmente, o termo *sistema*, que se torna escolar e se generaliza, tomando a configuração básica que hoje lhe atribuímos.

O pensamento sistemático, sobretudo no começo do século XVII, em conexão estreita com o problema da certeza na discussão teológica, foi transposto da Teoria da Música e da Astronomia para a Teologia, para a Filosofia e para a Jurisprudência. No princípio, isso foi feito como instrumento de técnica de ensino, após a decadência do instrumental escolástico para a solução das questões da contingência e da certeza no plano da crença. Essa aproximação do sistema com questões de contingência e de certeza moral produziu uma certa confusão do conceito de sistema com o problema do conhecimento, de tal forma que o sistema foi entendido como meio de ordem e classificação, e com isso de asseguramento e fundamentação de conhecimento. Tal associação, por sua vez, permitiu que o pensamento sistemático participasse do processo de autonomia da moderna teoria do conhecimento, até o ponto de o sistema ser tomado como esboço, hipótese, construção de um livro, forma de apresentação etc.

É com Christian Wolff, o qual dominou a ciência da época com sua terminologia, que o termo *sistema* se vulgariza e

---

[23] Ver Julian H. Franklin, *Jean Bodin and the sixteenth-century revolution in them ethodology of law and history*. New York-London, 1903, p. 36 ss.

se torna mais preciso.[24] Mais que um agregado ordenado de verdades, diz ele, o sistema diz respeito sobretudo a *nexus veritatum*, que pressupõe a correção e a perfeição formal da dedução. Posteriormente, esse conceito foi reelaborado por Lambert que, em obra datada de 1787, precisou-lhe os caracteres.[25] Lambert trata do sistema como mecanismo: partes ligadas umas às outras, independentes umas das outras; como organismo: um princípio comum que liga partes com partes numa totalidade; como ordenação, ou seja, intenção fundamental e geral capaz de ligar e configurar as partes num todo. É nesse sentido, precisamente, que podemos dizer que o ideal clássico da ciência correspondente aos séculos XVII e XVIII está ligado ao pensamento sistemático. Como nos mostra Foucault, nessa época, as ciências sempre trazem consigo o projeto, ainda que longínquo, de uma ordenação exaustiva.[26] Elas sempre apontam, também, em direção da descoberta dos elementos simples e de sua composição progressiva. Para isso, valiam-se elas do que Foucault chama de *système* – um conjunto finito e relativamente limitado de traços, cujas constâncias e variação serão estudadas em todos os indivíduos que se apresentam. Ao lado desse *système*, menciona ele a *méthode* como um processo de comparações totais, mas no interior de grupos empiricamente constituídos, nos quais o número das semelhanças é manifestamente tão elevado que a enumeração das diferenças não seria pas-

---

[24] Cf. Christian Wolff, *Philosophia moralis siveethica*, 1750, p. 440 ss. Sobre o tema, ver Tercio Sampaio Ferraz Jr., *Conceito de sistema no direito*. São Paulo, 1976, p. 7 ss.

[25] Johann Heinrich Lambert, Fragmenteiner Systematologie. In: *System und Klassifikation in Wissenschaft und Dokumentatiion*. Meisenheim, 1968, p. 165 ss.

[26] Michel Foucault, *Les mots et les choses*. Paris, 1966, p. 89.

sível de acabamento.[27] O estabelecimento das identidades e das distinções será assegurado por aproximações contínuas. A diferença básica entre ambas é que a *méthode* só pode ser sempre uma única, enquanto o *système*, por seu caráter arbitrário, pode ser múltiplo, o que aliás não impede a descoberta de um que seja natural. Em que pesem as diferenças, tanto o *système* quanto a *méthode* têm em comum a função fundamental do saber clássico, pela qual o conhecimento dos indivíduos empíricos só pode ser adquirido em razão de um quadro – *tableau* – contínuo, ordenado e universal de todas as diferenças possíveis. Ambos não são mais do que um meio de definir a identidade pela rede geral das diferenças específicas.[28]

Portanto, encontramos aqui a ideia de sistema como organismo, mecanismo e ordenação anteriormente mencionados, em cuja base se encontra o pressuposto da continuidade do real, o que, aliás, assegura em última análise o caráter não arbitrário e não convencional do próprio conhecimento científico. Ora, o conceito de sistema é, conforme o testemunho de Wieacker,[29] a maior contribuição do chamado *jusnaturalismo* moderno ao Direito Privado europeu. A teoria jurídica europeia, que até então era mais uma teoria da exegese e da interpretação de textos singulares, passa a receber um caráter lógico-demonstrativo de um sistema fechado, cuja estrutura dominou, e até hoje domina, os códigos e os compêndios jurídicos.[30] Numa teoria que devia legitimar-se

---

[27]   Foucault, cit., p. 152.

[28]   Ver Foucault, cit., p. 157.

[29]   Wieacker, cit., p. 275.

[30]   Ver Helmut Coing, Geschichte und Bedeutung des Systemsgedankens in der Rechtswissenschaft: Frankfurter Rektoratsrede 1956 – reproduzido em *Zur Geschichte des Privatrechts systems*. Frankfurt/M., 1962, p. 23.

perante a razão, através da exatidão lógica da concatenação de suas proposições, o Direito conquista uma dignidade metodológica especial. A redução das proposições a relações lógicas é pressuposto óbvio da formulação de leis naturais, universalmente válidas, a que se agrega o postulado antropológico que vê no homem não um cidadão da cidade de Deus, ou, como no século XIX, do mundo histórico, mas um ser natural, um elemento de um mundo concebido segundo leis naturais.

Exemplo típico dessa sistemática jurídica encontramos em Pufendorf. Suas obras principais são *De Jure Naturae et Gentium – Libri Octo,* de 1672, que apresenta um sistema completo do Direito Natural, e *De Officio Hominis et Civis – Libri Duo,* de 1673, uma espécie de resumo da anterior. Pufendorf coloca-se num ponto intermediário do desenvolvimento do pensamento jurídico do século XVII, podendo ser considerado um grande sintetizador dos grandes sistemas de sua época, dele partindo, por outro lado, as linhas sistemáticas básicas que vão dominar, sobretudo, o Direito alemão até o século XX.[31] Acentuando e dando um caráter sistemático ao processo de secularização do Direito Natural iniciado com Grotius e Hobbes, Pufendorf ultrapassa a mera distinção entre o Direito Natural e a Teologia Moral, segundo o critério de normas referentes ao sentido e à finalidade desta vida, em contraposição às referentes à outra vida, distinguindo as ações humanas em internas e externas. O que permanece guardado no coração e não se manifesta exteriormente deve ser objeto apenas da Teologia Moral. A

---

[31] Wieacker, cit., p. 309. Sobre Pufendorf, ver também Meinecke, cit., p. 224 ss.

42 Função Social da Dogmática Jurídica • Ferraz Jr.

influência dessa distinção em Tomasius e, posteriormente, em Kant é significativa.[32]

As prescrições do Direito Natural pressupõem, segundo Pufendorf, a natureza decaída do homem. Em consequência, toda a ordenação e, pois, todo o Direito contêm, pela sua própria essência, uma proibição. Seu caráter fundamental repousa, por assim dizer, na sua função imperativa e não em sua função indicativa, para usar uma terminologia de Kelsen.[33] Conforme a função indicativa, a norma jurídica apenas mostra o conteúdo da prescrição. Por sua função imperativa ela nos obriga a fazer ou a deixar de fazer alguma coisa. Pufendorf aponta na *imbecillitas*, o desamparo em que se acha o homem na sua solidão, a principal propriedade do ser humano.[34] Da *imbecillitas* surge o mais importante e mais racional dos princípios do Direito Natural, a *socialitas* – a necessidade de o homem viver em sociedade que, para ele, não é um instinto natural teleológico (como em Grotius), mas mero princípio regulativo no modo de viver. A *socialitas*, como tal, consoante o que dissemos do caráter imperativo do Direito, não se confunde com o Direito Natural, fornecendo apenas o fundamento racional de seu conteúdo, de seu caráter indicativo. Ela adquire império somente através da sanção divina, na medida

---

[32] Sobre a participação decisiva de Pufendorf na chamada secularização do Direito Natural, ver Koschacker, cit., p. 355. Sobre a distinção entre moralidade e legalidade em Kant, ver: Norberto Bobbio, *Diritto e Stato nel pensiero di Emanuele Kant*. 2. ed. Torino, 1969, p. 86 ss.

[33] Ver Kelsen, Rechtund Logik, *Forum*. Viena, XII/142, p. 422.

[34] Ver *De Officio Hominis et Civis Juxta Legem Naturalem – Libri Duo*, Cap. III, § 3º, p. 19, ed. bilínguie. New York, 1927.

em que Deus prescreve ao homem sua observação.[35] Neste sentido, parece-nos um pouco equívoca a afirmação de Wieacker[36] segundo a qual ambos os princípios não se fundam na vontade do Criador, porém na razão do homem, em clara oposição à tradição cristã. Na sua função imperativa, o Direito Natural, para Pufendorf, tem, a nosso ver, seu fundamento na vontade divina que, originariamente, fixou os princípios da razão humana perpetuamente.[37]

A partir desses dois princípios fundamentais, Pufendorf desenvolve uma sistemática jurídica característica, através da conjugação da dedução racional com a observação empírica, em cujas bases, sem dúvida, já se encontra o dualismo cartesiano do método analítico e sistemático. Através disso, estabelece-se uma relação imediata com a própria realidade social, ao mesmo tempo que não se confundem os limites entre uma teoria do dever social e o material colhido da própria realidade social. Com isso, torna-se Pufendorf um precursor da autonomia das chamadas ciências da cultura.[38] Neste sentido, sob o ponto de vista do sistema, Pufendorf divide as normas de Direito Natural em absolutas e hipotéticas. As primeiras são aquelas que obrigam, independentemente das instituições estabelecidas pelo próprio homem; as segundas, ao contrário, as pressupõem.[39] Esta segunda classe de normas é dotada de certa variabilidade e flexibilidade,

---

[35] Ver *De Jure Naturae et Gentium – Libri Octo*. Livro 11, Cap. III, p. 148, ed. bilíngue. New York, 1934.

[36] Wieacker, cit., p. 307.

[37] Pufendorf, cit., p. 127.

[38] Ver Hans Welzel, *Naturrecht und materiale Gerechtigkeit*. Göttingen, 1955, p. 132 ss.

[39] Ver *De Jure Naturae*, p. 158.

possibilitando ao Direito Natural uma espécie de adequação à evolução temporal. A ideia de sistema envolve, a partir daí, todo o complexo do Direito metodicamente coordenado na sua totalidade ao Direito Natural.

A teoria do Direito Natural, se de um lado quebra o elo entre a jurisprudência e o procedimento dogmático fundado na autoridade dos textos romanos, de outro não rompe com o caráter dogmático que, ao contrário, tenta aperfeiçoar ao dar-lhe uma qualidade de sistema que se constrói a partir de premissas, cuja validade repousa na sua generalidade racional.[40] A teoria jurídica passa a ser um construído sistemático da razão e, em nome da própria razão, um instrumento de crítica da realidade. Portanto, duas importantes contribuições: o método sistemático, conforme o rigor lógico da dedução, e o sentido crítico-avaliativo do Direito, posto em nome de padrões éticos contidos nos princípios reconhecidos pela razão.

Se nos perguntarmos agora sobre a função social da teoria jurídica nesse período, iremos observar que ela, ao construir os sistemas normativos, passa a servir aos seguintes propósitos, que são também seus princípios: a teoria se instaura para o estabelecimento da paz, a paz do bem-estar social, a qual consiste não apenas na manutenção da vida, mas da vida mais agradável possível. Através de leis, fundamentam-se e regulam-se ordens jurídicas que devem ser sancionadas, o que dá ao Direito um sentido instrumental, que deve ser captado como tal. As leis têm um caráter formal e genérico, que garante a liberdade dos cidadãos no sentido de disponibilidade. Nestes termos, a teoria jurídica estabelece uma oposição entre os sistemas formais do Direito e a

---

[40] Ver Fikentscher, cit., p. 418 ss.

própria ordem vital, possibilitando um espaço juridicamente neutro para a perseguição legítima da utilidade privada. Sobretudo, esboça-se uma teoria da regulação genérica e abstrata do comportamento por normas gerais que fundam a possibilidade da convivência dos cidadãos. Existe, aqui, manifestamente, uma preocupação em secularizar a teoria jurídica, evidenciando uma ruptura com a prudência romana e com a grega, as quais ficaram na esteira do cristianismo. A experiência romana vai sendo esquecida na medida em que a autoridade ligada à fundação vai desaparecendo. Nesse sentido, Lutero, ao fazer um desafio à autoridade temporal da Igreja, apelando para o livre-juízo individual, já havia eliminado a tradição, mudando a religião, produzindo, em consequência, o desaparecimento da autoridade romana.[41] A experiência grega, que sobrevivia no conceito cristão da revelação como medida e padrão transcendentes, é atingida pela separação das esferas religiosa e humana, como resultado inclusive das guerras religiosas.

Está configurado, pois, um dos caminhos para uma ciência no estilo moderno, isto é, como procedimento empírico-analítico. Não – é verdade – com o mesmo rigor de Descartes ou o sucesso de Galileo, mas num sentido que podemos chamar de pragmático, em que os modelos de Direito Natural são entendidos não como hipóteses científicas a verificar, mas como um exemplo, paradigma que se toma como viável na experiência. Com isso, fica aberta a trilha para que as situações sociais ali descritas, com todas as suas condicionantes racionais, possam ser imaginadas como possíveis de existir sob certas condições empíricas. Desse modo, a teoria jurídica consegue transformar o conjunto de regras que compõem o Direito em regras técnicas controláveis na com-

---

[41] Cf. Hannah Arendt, cit., p. 171.

46 Função Social da Dogmática Jurídica • Ferraz Jr.

paração das situações vigentes com as situações idealmente desejadas. Modifica-se, assim, o seu estatuto teórico. Não é mais nem contemplação, nem manifestação de autoridade, nem interpretação dogmática, mas capacidade de reprodução artificial de processos naturais. Ela adquire, assim, um novo critério, que é o critério de todas as técnicas: a sua funcionalidade.

Conhecemos um objeto na medida em que podemos fazê-lo. Para entender isso, é preciso agora ligar a teoria jurídica do jusnaturalismo a um conceito moderno que será posto no lugar tanto da verdade grega quanto da *auctoritas* romana e da revelação cristã: o conceito de revolução. Este conceito, tal como aparece em Maquiavel, por exemplo, e, mais tarde, em Robespierre, tem algo a ver com a fundação romana.[42]

Também para Maquiavel a fundação é uma ação política central. Só que, enquanto para os romanos a fundação era um evento do passado, para o autor de *O Príncipe* ela se torna um evento do presente, uma espécie de feito que estabelece o domínio político. Assim, deixando de ser um princípio no passado, a fundação passa a ser uma finalidade no presente: um fim que justifica os meios, inclusive os violentos. O ato de fundar, em vez de ser uma ação passada, passa a ser um fazer. Como nota Hannah Arendt,[43] a ação, como os gregos haviam percebido, é em si e por si absolu-

---

[42]   Cf. Hannah Arendt, cit., p. 182 ss. Para o conceito de revolução em Maquiavel, ver *The Prince*. Trad. de W. K. Marriott. Chicago, London, Toronto, Geneve, 1952, Caps. XIX, XX, XXVI. Ver também J. W. Allen, *A history of political thought in the XVth. Century*. London, 1961, p. 447 ss. Ver ainda Meinecke, cit., p. 25 ss.

[43]   Hannah Arendt, cit., p. 91.

tamente fútil, não sendo guiada por fins nem tendo um fim, nem deixando um produto final atrás de si. O agir é uma cadeia ininterrupta de acontecimentos cujo resultado final o ator não é capaz de controlar de antemão, conseguindo orientá-lo mais ou menos de modo seguro. Isso, porém, não acontece com o fazer. O fazer possui um início definido e um fim previsível: ele chega a um produto final que não só consegue sobreviver à atividade fabricadora como, daí por diante, passa a ter uma vida própria.

Se a fundação é um fazer, ela irá ocorrer através de atos capazes de instaurar *ab ovo* uma situação. Temos a revolução como o feito novo. A ligação entre as teorias de Direito Natural, também chamado de Direito Racional, e uma teoria e *praxis* da revolução esclarece que o teórico do Direito – como alguém capaz de reproduzir em laboratório, isto é, na sua razão, o próprio Direito, o qual assume a forma de um sistema de enunciados cabais e que funcionam politicamente como fins revolucionários – toma uma nova função. A reconstrução racional do Direito, que passa a ser entendido como um conjunto, um sistema de enunciados respaldados na razão, adquirindo validade por meio de uma posição (como, por exemplo, em Pufendorf),[44] põe-se a serviço de um processo de conexão entre *dominium* e *societas*, a unidade do Estado e a sociedade, que ocorre entre os séculos XVI e XVII. Referimo-nos à centralização e à burocratização do domínio nos modernos aparelhos estatais.[45]

As categorias máximas do Direito Natural, o *pactum* e a *majestas,* unem-se desse modo para fundar a obrigatoriedade

---

[44] Para Pufendorf, o Direito Natural é *posto* pela vontade divina.

[45] Cf. Max Weber, cit., p. 496 ss. Ver também Meinecke sobre Bodin, op. cit., p. 56 ss.

da obediência. O domínio jusnaturalisticamente legitimado organiza a ameaça da violência e o uso do poder em favor da sociedade política, ou seja, da fundação revolucionária. Mas esse novo Direito Natural, à diferença do Medieval, substitui o fundamento ético e bíblico pela noção naturalista de *Estado Natural*. Tal mudança elimina o pensamento prudencial, quer como busca de orientação para o certo e para o justo, quer como manifestação do certo e do justo, para estabelecer o pensamento sistemático como uma espécie de técnica racional da convivência.[46]

O rompimento com a prudência antiga é claro. Enquanto esta se voltava para a formação do caráter, tendo, na teoria jurídica, um sentido mais pedagógico, a sistemática moderna terá um sentido mais técnico, preocupando-se com a feitura de obras e o domínio virtuoso (Maquiavel) de tarefas objetivadas. No entanto, a teoria jurídica jusnaturalista constrói uma relação entre a teoria e a *praxis,* segundo o modelo da mecânica clássica. A reconstrução racional do Direito Natural é uma espécie de física geral da socialização. Assim, a teoria fornece, pelo conhecimento das essencialidades da natureza humana, as implicações institucionais a partir das quais é possível uma expectativa controlável das reações humanas e a instauração de uma convivência ordenada. No entanto, esse relacionamento entre a teoria e a *praxis,* como se observa através da palavra crítica de Vico, acaba por fracassar na medida em que à teoria falta a dimensão prática que ela só tem enquanto se aplica a uma conduta teoricamente descrita, o que não pode ser então fundado teoricamente.[47]

---

[46] Cf. Habermas, cit., p. 75 ss. Sobre a substituição do fundamento ético e bíblico pela noção naturalista, ver Meinecke, cit., p. 209-214.

[47] Cf. Miguel Reale, *Experiência e Cultura.* São Paulo, 1977, p. 188 ss.

Esse impasse vai ter consequências importantes para o pensamento jurídico, o que irá se tornar decisivo no século XIX. Na realidade, essa tentativa de conceder pela primeira vez à teoria jurídica e à Dogmática a categoria de uma ciência em sentido estrito abre uma perspectiva para sua recolocação, enfrentando-se no Direito, então, o problema de se saber se a Dogmática Jurídica constitui ou não uma teoria científica.

4 A positivação do Direito a partir do século XIX

Na passagem do século XVIII para o século XIX, há uma mudança radical no quadro das teorias científicas, já preparada na ciência renascentista, na dúvida cartesiana e na necessidade de fundar o conhecer a partir de si próprio. A dicotomia entre contemplação e ação, bem como a ideia de que a verdade era percebida apenas no ato solitário da visão, começa a ser abalada quando a ciência se torna atividade que faz, que constrói os objetos que conhece. Com isso, a velha noção de teoria como contemplação e como sistema de verdades concatenadas e dadas vira hipótese de trabalho, a qual muda conforme os resultados que produz, fazendo depender sua validade não daquilo que desvenda (a verdade como uma *aletheia*, o desvendado), mas do fato de funcionar.

Com a progressiva prioridade do agir sobre o contemplar, as ideias, no sentido platônico, deixam de ser medida transcendente para tornarem-se valores, cuja validade passa a depender da sociedade como um todo em suas sempre mutáveis necessidades funcionais. Esse quadro irá alterar o sentido da teoria jurídica que, como dogmática, vai assu-

50 Função Social da Dogmática Jurídica • Ferraz Jr.

mir traços característicos. Em consequência, as suas funções sociais também vão se particularizar com respeito às demais ciências.

O século XIX, diz Helmut Coing,[48] representa ao mesmo tempo a destruição e o triunfo do pensamento sistemático legado pelo jusnaturalismo, o qual baseava toda sua força na crença ilimitada na razão humana. Os sistemáticos do Direito Natural não estavam presos a nenhuma fonte positiva do Direito, embora a temporalidade não permanecesse olvidada. Nestes termos, o Direito Natural do Iluminismo (em Kant, por exemplo), se de um lado aparece como uma filosofia social da liberdade, de outro atribui à liberdade um valor moral que se manifesta expressamente numa teoria dos direitos subjetivos.[49] Com isso, o século XVIII criou as bases teoréticas da concepção jurídica que entende o Direito Privado, na sua estática, como sistema de direitos subjetivos; na sua dinâmica, porém, em termos de ações humanas que criam e modificam aqueles direitos.

Significativa para a passagem entre os dois séculos é a obra de Gustav Hugo (1764-1844). Hugo estabelece as bases para uma revisão do racionalismo a-histórico do jusnaturalismo, desenvolvendo, metodicamente, uma nova sistemática do pensamento jurídico na qual a relação do Direito com sua dimensão histórica é acentuada, antecipando-se desta forma aos requisitos obtidos pela chamada Escola Histórica. No primeiro volume do seu *Lehrbuch eines civilistischen Kursus* (2. ed., 1799), cuja introdução contém uma enciclopédia jurídica, ele propõe, segundo um paradigma kantiano,

---

[48] Helmut Coing, cit., p. 25.

[49] Ver Norberto Bobbio, cit., p. 167 ss.

uma divisão tripartida do conhecimento científico do Direito, correspondente a três questões fundamentais: (i) o que deve ser reconhecido como *de direito* (*de jure*)?; (ii) é racional que o que seja *de direito* (*de jure*), efetivamente, o seja?; e (iii) como aquilo que é *de direito* (*de jure*) se tornou tal?

A primeira questão corresponde à Dogmática Jurídica; a segunda, à Filosofia do Direito; a terceira, à História do Direito. Esta tripartição revela por si só uma nova concepção da historicidade que não ficará sem reflexos na metodologia do século XIX, pois, como o próprio Hugo observa, essa tripartição sob o ponto de vista da temporalidade pode transformar-se numa bipartição, na medida em que a primeira e a segunda questões se ligam ao presente, ao contrário da terceira. Por outro lado, a primeira e a terceira são históricas, o mesmo não sucedendo com a segunda.[50]

Está aí, em germinação, uma nova concepção de historicidade que também permitirá a qualificação do acontecimento presente como história, criando-se a possibilidade de uma compreensão do conhecimento jurídico como um conhecimento histórico, aparecendo a Dogmática Jurídica fundamentalmente como algo que tem em si a história, ou, pelo menos, como continuação desta, com outros instrumentos. À luz desta reflexão, Hugo propõe-se – ligado ainda a algumas posições jusnaturalistas – a conceber o Direito Positivo não como desdobramento dedutivo do código da razão e, ao mesmo tempo, como comprovação da racionalidade, no sentido de Direito Natural Dogmático, mas, primariamente, como fenômeno histórico, ou seja, Direito Natural Crítico ou Filosofia do Direito Positivo.[51] Hugo desenvolve essa

---

[50] Cf. Gustav Hugo, p. 46.

[51] Cf. Gustav Hugo, p. 34.

52 Função Social da Dogmática Jurídica • Ferraz Jr.

concepção em termos de uma Antropologia Jurídica que lhe deveria fornecer os critérios para um juízo crítico do próprio acontecimento histórico. Com isso, adiantando de um lado as investigações da Escola Histórica, por outro ele também se liga a uma perspectiva iluminista da fase inicial, que enfatiza a reflexão crítica.

Notamos na proposição de Hugo uma distinção importante: torna-se claro que ele distingue o que ele próprio chama de Ciência do Direito da Dogmática Jurídica. Isso na medida em que a História do Direito lhe aparece como ciência propriamente dita, enquanto a Dogmática Jurídica é apenas uma espécie de continuação da pesquisa histórica com outros instrumentos. Ora, a importância dessa colocação não vai ficar sem consequências para a sistemática jurídica, no século XIX, evidenciando-se e formalizando-se com mais clareza em Savigny. Até certo ponto, a obra deste revela uma inovação decisiva na sistemática jurídica: nela, o sistema perde em parte, ao menos na aparência, o caráter absoluto da racionalidade dedutiva que envolvia com um sentido de totalidade perfeita o fenômeno jurídico. O sistema ganha, ao contrário, uma qualidade contingente, o que se torna pressuposto fundamental de sua estrutura. Na fase madura de seu pensamento, a substituição da lei pela convicção comum do povo como fonte originária do Direito coloca num segundo plano o instrumental lógico-dedutivo, sobrepondo-lhe a sensação e a intuição imediatas. Savigny enfatiza o relacionamento primário da intuição do jurídico não à regra genérica e abstrata, mas aos institutos de Direito que expressam relações vitais típicas concretas.[52]

---

[52] Savigny. *System des heutigen römischen Rechts*. Berlin, 1840, nº 1, p. 9 ss.

Os institutos são visualizados como uma totalidade de natureza orgânica, um conjunto vivo de elementos em constante desenvolvimento. É a partir deles que a regra jurídica é extraída, através de um processo abstrativo e artificial, manifestando o sistema assim explicitado uma contingência radical e irretorquível. Essa contingência não deve, porém, ser confundida com irracionalidade, na medida em que a historicidade dinâmica dos institutos se mostra na conexão espiritual da tradição. É este, aliás, o sentido da sua organicidade conforme já nos revela sua obra programática.[53]

A organicidade não se refere a uma contingência real dos fenômenos sociais, mas ao caráter complexo e produtivo do pensamento conceitual da ciência jurídica. Nesse sentido, assinala Wieacker, a palavra *povo*, em Savigny, é antes um conceito cultural, paradoxalmente quase idêntico àquilo que juízes e sábios de um país produziam.[54] Com isso, a sistematização histórica proposta acabou dissolvendo-se, já com o próprio Savigny, numa estilização sistemática da tradição, como seleção abstrata das fontes históricas, sobretudo as romanas. Reaparecia, nesses termos, a sistemática jusnaturalista. Na prática, a ênfase depositada expressamente na intuição do jurídico, nos institutos, cede lugar a um sistema de construção conceitual das regras de Direito. Isto é, se de um lado a intuição aparece como o único instrumento de

---

[53] Vom Berufunserer Zeit für Gesetzgebung und Rechtswissenschaft, na edição da Wissenschaftliche Buchgesellschaft sob o título Thibaut und Savigny, Darmstadt, 1959, p. 75. Ver também: Savigny, Grundgedanken der Historischen Rechtsschule, Frankfurt/M., 1944, p. 14 ss.

[54] Cf. Wieacker, cit., p. 391. Ver também Alexandre Corrêa. A concepção histórica do direito e do Estado, reproduzido na *Revista da Universidade Católica de São Paulo*. São Paulo, v. XXXVII, jul./dez. 1969, fasc. 71-72, p. 320, nota 123.

54 Função Social da Dogmática Jurídica • Ferraz Jr.

captação adequada da totalidade representada pelo instituto, de outro o pensamento conceitual lógico-abstrato revela-se como o mais necessário e único de sua explicitação.[55]

A Escola Histórica marca o aparecimento daquilo que Koschaker denomina "o Direito dos professores".[56] O "Direito dos professores" aparece quando, sob certas condições, a tônica na ocupação com o Direito passa para as Faculdades de Direito e para seus mestres. Isso não quer dizer que o Direito passasse a ser criado e construído pelos professores, mas sim que a doutrina passava a ocupar um lugar mais importante do que a *praxis* e os doutrinadores a terem uma precedência sobre os práticos. Tal ênfase, consequentemente, dava à doutrina uma certa independência em relação a um poder central, pois os professores não viviam necessariamente nas capitais, mas atuavam fora do âmbito político. Essa oposição entre teoria e *praxis* no século XIX tem, entretanto, um aspecto paradoxal: Savigny, por exemplo, nunca teve uma relação positiva com a *praxis* do dia a dia, que ele não chegou a conhecer. Em seus livros, aliás, não surgem citações de decisões, nem tinha ele um contato pessoal com os práticos. Apesar disso, curiosamente, ele possuía um sentido para o trabalho prático do jurista. Seus livros não ensinavam a pura História do Direito, mas a do Direito vigente. Ele próprio exigia, assim, uma conexão entre teoria e *praxis*, criticando a possibilidade de transformar tanto a teoria em jogo vazio, quanto a *praxis* num simples trabalho artesanal. Todavia, ao distingui-las, contribuiu paradoxalmente para

---

[55] Cf. Walter Wilhelm, *Zur juristischen Methodenlehre im 19. Jahrhundert*. Frankfurt/M., 1958, p. 61-32.

[56] Ver Koschakcr, p. 211. Ver também Savigny, *System*, § 14.

uma separação entre ambas, que já começara com os movimentos do Direito Natural nos séculos anteriores.[57]

Tal separação, contudo, não impediu que os práticos, educados nas universidades, viessem a criar condições para influenciar por intermédio da doutrina professoral as decisões judiciárias, na medida em que as teorias, maravilhosamente construídas pelos teóricos, encontravam ali enorme ressonância. Entretanto, a grande influência dos professores não se deu através disso mas, sobretudo, por meio da legislação que representou, por assim dizer, sua grande vitória. O que não deixa de ser uma vitória paradoxal, na medida em que a Escola Histórica, desde Savigny, acentuava o valor preponderante do espírito do povo sobre as turbações de uma codificação extemporânea.

Assim, a Escola Histórica aumentou o abismo entre a teoria e a *praxis* que vinha do Jusnaturalismo, com influências até o dia de hoje no ensino universitário. Puchta, que foi seu discípulo, ao transformar o conceito de espírito do povo em uma categoria formal do conhecimento jurídico, retirando-lhe quer o caráter jusfilosófico, quer as implicações sócio-históricas, realizou uma transformação importante: para ele, o Direito era o Direito do povo, isto é, o Direito que surgia da convicção íntima e comum do povo.[58] Mas o modo pelo qual se formava essa convicção, isso absolutamente não lhe interessava. Desse modo, consegue ele uma simbiose entre o Direito posto e o Direito formado na consciência histórica, fazendo do legislador o seu máximo repre-

---

[57] Koschaker, p. 256.

[58] Cf. Georg Friedrich Puchta, *Kursus der Institutionen*. Leipzig, 1841, 3 v., I, § 10.

sentante. Com isso, entretanto, a preocupação da Escola, de dar ao pensamento jurídico um caráter científico, através da incorporação da História do Direito ao pensamento jurídico, acabou assumindo um caráter decorativo. Ao seu lado, dela se destacando, sobressai a Dogmática Jurídica como uma teoria do Direito vigente, enquanto algo que não pertence à ciência, ainda que Savigny nunca tivesse dito isso. Paradoxalmente, no entanto, nesse sentido a Dogmática foi pouco a pouco ocupando o lugar principal. A parte histórica, que corresponderia à Ciência do Direito propriamente dita, foi-se tornando uma disciplina capaz de estabelecer aquilo que era ainda utilizável, hoje, do Direito Romano. Com isso, se lhe assinalou apenas uma função preliminar e secundária em face da Dogmática, perdendo sua importância não só nos compêndios, como também no ensino.

Em resumo, podemos dizer que aquilo que a razão representou para os jusnaturalistas passou a ser substituído pelo fenômeno histórico. Surgiu, assim, a Dogmática moderna dessa exigência de uma fundamentação histórica das suas construções. Operacionalmente, isso significou uma síntese do material romano com a sistemática do Jusnaturalismo. Essa vinculação de historismo com uma Teoria do Direito Prático custou à Ciência do Direito, no sentido de ciência histórica, uma falta de rigor que, no entanto, foi compensada pelo enorme desenvolvimento da Dogmática desde então.[59]

Esse aparente paradoxo, em que uma concepção metodologicamente histórica do Direito desemboca numa separação entre Ciência e Dogmática, caso em que esta assume tanto uma posição relevante quanto um tom até certo pon-

---

[59] Koschaker, p. 284.

to distanciado dos próprios fenômenos históricos, pode ser desfeito se atentarmos ao próprio conceito de História que lhe é imanente. Na época moderna, como assinala Hannah Arendt,[60] a História emergiu como algo distinto do que fora antes. Enquanto no passado ela era composta dos feitos e sofrimentos do homem, ao mesmo tempo que contava os eventos que afetaram a sua vida, agora ela passava a ser vista como um processo, um processo feito pelo homem, o único processo cuja existência tinha sido exclusivamente uma realização humana. Note-se que não se trata de um conjunto de ações humanas, recolhidas do seu acontecer efêmero, mas sua própria experiência que, como um todo, teve um começo, tem um meio e há de ter um fim. Neste sentido, o homem *faz* a História.

Tendo como pano de fundo essa concepção esquematicamente apresentada, podemos entender que o Direito passava a ser assumido como um fenômeno histórico, não no sentido de que estava *na* História, isto é, de que era recolhido da temporalidade efêmera do acontecer das ações humanas, mas no sentido de que *era* História na sua essencialidade – um processo feito pelo homem.[61] Entretanto, como este processo é análogo ao da fabricação (a História como um fazer e não como um agir), ele também tem começo, meio e fim. Ora, o Direito feito ao cabo do processo é o Direito vigente. Destarte, cancela-se a imortalidade das ações humanas do passado, pois o processo, quando acaba, torna irrelevante tudo o que aconteceu. Para o Direito vigente, o passado adquire, então, o mesmo significado que as tábuas e os pregos

---

[60] Hannah Arendt, p. 89.

[61] Cf. Arthur Kaufmann, *Naturrecht und Geschichtlichkeit*. Tübingen, 1957, p. 25.

para uma mesa acabada.[62] Entende-se, por isso mesmo, que, embora a Escola Histórica insistisse na historicidade do método, ao cabo da pesquisa o resultado se tornaria mais importante do que a própria investigação que o precedera. Daí a presença que a Dogmática do Direito vigente assume no pensamento jurídico em relação à sua história.

As condicionantes que permitem o aparecimento do pensamento dogmático como uma teoria autônoma do Direito vigente, separada da indagação da sua origem, remontam aos séculos XVI a XVIII. Um dado importante, nesse período, é que o Direito se tornou cada vez mais Direito escrito, o que ocorreu quer pelo rápido crescimento da quantidade de leis, quer pela redação oficial e pela decretação da maior parte dos costumes. Além disso, o fenômeno da recepção do Direito Romano veio propiciar o surgimento de hierarquias de fontes, distinguindo-se, pela ordem, entre as leis, os costumes e o Direito Romano. Quanto ao primeiro dado, embora a expressão "Direito escrito" (também dito Direito comum ou Direito comum escrito) não seja muito precisa, parece que se referia ao chamado *jus commune*, o Direito comum a todas as cidades e vilas, em oposição ao *jus proprium*, peculiar a cada uma delas, distinção já corrente na Itália a partir do século XII.[63]

O fato de que o Direito se torna escrito revela novas condições para o aparecimento do pensamento dogmático como uma forma autônoma. A fixação do Direito em textos escritos, ao mesmo tempo que aumenta a segurança e a pre-

---

[62] A imagem é de Hannah Arendt, cit., p. 115.

[63] Cf. John Gilissen, Les problèmes des lacunes du droit dans l'évolution du droit mediéval et moderne. In: *Les problèmes des lacunes en droit*, editado por C. Perelman, Bruxelas, 1968, p. 225 ss.

cisão do seu entendimento, aguça também a consciência dos limites. A possibilidade do confronto de diversos sistemas cresce e, com isso, aumenta a disponibilidade das fontes, a qual está na essência do aparecimento das hierarquias; estas, no início do período, ainda afirmam a soberania do costume, do Direito não escrito sobre o escrito. Pouco a pouco, no entanto, a situação se inverte. Para tanto contribuem o aparecimento do Estado Absolutista e o desenvolvimento progressivo da concentração do poder de legislar. Nesse período, a consciência da elaboração dogmática cresce, o que pode ser observado pela multiplicação de regras, tendo em vista a organização das diversas fontes disponíveis. Assim, por exemplo, uma regra do jurista Domat: "Se algumas províncias ou alguns lugares não têm regras certas para as dificuldades nas matérias que aí estão em uso, e desde que estas dificuldades não sejam reguladas pelo Direito Natural ou pelas leis escritas, mas dependem dos costumes e dos usos, elas devem regular-se pelos princípios que seguem os costumes dos próprios lugares. E se isto não regula a dificuldade, é necessário seguir aquilo que se acha regulado pelos costumes vizinhos que dispõem sobre o assunto e, sobretudo, pelos das principais cidades."[64] A questão de que trata esse texto de Domat é a falta de regras certas: portanto, tipicamente, uma questão de lacuna do Direito. Domat ensaia, além disso, um procedimento de exclusão, procurando contar casos em que a falta de regras certas não chegaria a constituir uma lacuna. Tal expressão, evidentemente, não aparece e, com isso, ele acaba circunscrevendo a questão a casos que dependam de costumes e usos mas que não sejam

---

[64] Domat, *Les lois civiles dans leur ordre naturel*, livre prel., t. I, section 2, nº 20, ed. de 1735, p. 9, citado por Gilissen, cit., p. 223.

60 Função Social da Dogmática Jurídica • Ferraz Jr.

por estes resolvidos, propondo duas soluções: inicialmente, um recurso a princípios extraíveis dos próprios costumes do lugar; e, caso este falhe, o recurso à analogia com costumes de lugares vizinhos. O texto de Domat assinala a preponderância dos usos e costumes locais, verifica a possibilidade da falta de regra própria, ensaia uma hierarquia de fontes supletivas e pondera, num caso extremo, a possibilidade de duas regras decisivas: princípios e analogia. Apesar disso, faltam alguns requisitos para que a elaboração dogmática assuma um estatuto teórico peculiar.

Na verdade, a simples constatação de dificuldades não resolúveis por regras próprias não chega a constituir uma Dogmática no sentido do século XIX, embora certamente constitua um raciocínio dogmático. Afinal, a elaboração teórica da Dogmática não é uma questão de língua-objeto, mas de metalíngua. Sem aprofundar a distinção entre estas duas noções, apontamos, através de um exemplo, o que elas sugerem. Assim, quando falamos em português: "isto é um cavalo", usamos uma língua; mas quando dizemos "cavalo tem três sílabas", falamos em português sobre o português, ou seja, há uma diferença entre usar uma língua e mencionar uma língua. Podemos dizer que, no caso, o uso "isto é um cavalo" torna-se objeto da menção "cavalo tem três sílabas". A primeira asserção pertence à língua-objeto; a segunda, à metalíngua.

Pois bem: o *raciocínio* dogmático pode já ocorrer ao nível da língua-objeto. É o que ocorre quando se reflete sobre a falta de regras próprias que devem ser suplementadas por outras. Mas uma Teoria Dogmática do Direito exige, mais, isto é não apenas que se questione sobre a falta de regras e sua suplementação, mas também um questionamento da utilidade e do sentido da questão anterior: por que razão "falta de regra" e "necessidade de suprir a falta" se põe como um problema. Exige, pois, um grau de abstração maior. Ora, tanto a falta de regras próprias utilizáveis quanto o uso de outras suplementares são questões no nível da língua-objeto. Domat percebe esse problema, que é uma questão de jurisdição de casos concretos, mas não atina ainda com o problema metalinguístico que suas regras – no caso, "procurem-se os princípios e, na falta destes, a analogia" – revelam. Mas por que Domat não atina com essa metaquestão? Faltam aqui, ainda, condições que só irão consolidar-se – consolidar-se e não aparecer – já para os fins do século XVIII e começos do século XIX. De fato, essas condições estão na dependência da consolidação de grandes princípios de organização política incorporados pelo processo de positivação do Direito. Temos, pois, duas ordens de condições a serem examinadas: políticas e jurídicas. Quanto às primeiras, assinalaremos a soberania nacional e a separação dos poderes; quanto às segundas, o caráter privilegiado que a lei assume enquanto fonte do Direito, e a concepção do Direito como sistema normativo. São essas condições que irão propiciar a transformação do raciocínio dogmático em Teoria Dogmática, ou seja, uma reflexão sobre um modo de pensar que se assume, então, como teoria.[65]

O conceito de soberania é historicamente variável. No âmbito interno, observa Giannini,[66] corresponde à efetivi-

---

[65] Neste sentido, o aparecimento de uma teoria pressupõe que um discurso qualquer, que é usado, se torne objeto de outro que sobre ele reflete. Esse processo chamamos de *abstração*, cf. Wilhelm Kamlah e Paul Lorenzen, *Logische Propädeutik*. Mannheim, Wien, Zürich, 1967, p. 92-99.

[66] Massimo Severo Giannini, *Diritto amministrativo*, 2 v., Milano, 1970, v. I, p. 95 ss. Sobre essa noção, ver também Bertrand de Jouvenel, *De la souveraineté*. Paris, 1955. Ver ainda Georg Jellinek, *Teoría general del Estado*.

dade da força pela qual as determinações de autoridades são observadas e tornadas de observância incontornável mesmo através de coação. No âmbito externo, num sentido negativo, corresponde à não sujeição a determinações de outros centros normativos. Em geral, ao conceito de soberania está coligado o de caráter originário e absoluto do poder soberano. O primeiro, no sentido de fundamento de si próprio; o segundo, no de capacidade de determinar, no âmbito de sua atuação, a relevância ou o caráter irrelevante de qualquer outro centro normativo que ali atue.[67]

A Declaração dos Direitos do Homem e dos Cidadãos, de 1789, no seu art. 3º, proclama assim que: "O princípio de toda soberania reside essencialmente na nação." Os séculos anteriores fizeram residir a soberania no senhor territorial ou no rei. Esta forma bastante concreta e personalíssima de simbolizar o centro único de normatividade colocava, efetivamente, alguns problemas de jurisdição. A propósito, Loyseau, no século XVII, escrevia que o rei, não podendo saber tudo, nem estar presente em toda a parte – e, em consequência, não lhe sendo possível prover a todos as mesmas situações que ocorrem em todos os lugares de seu reino, e que requerem ser regulamentadas prontamente –, permite às cortes soberanas fazer os regulamentos.[68] No entanto, estes não são apenas provisórios, mas feitos sob sua condes-

---

Trad. de Fernando de los Ríos. Buenos Aires, 1970, p. 327; e Joseph de Maistre, *Essai sur le principe générateur des constitutions politiques suivi d'Étude sur la souveraineté*. Paris, 1924, p. 91 ss.

[67] Sobre as aporias que envolvem o conceito de soberania, ver H. L. A. Hart, *The concept of law*. Oxford, 1961, Cap. IV. Ver também Celso Lafer, Os dilemas da soberania. In: *Digesto econômico*, nº 259, ano XXXV, jan./fev. 1978, p. 153 ss., esp. 156 ss.

[68] Loyseau, *Des seigneuries*, III, 12, citado por Gilissen, cit., p. 230.

cendência – a condescendência do rei. Mas ele não levantava ainda a questão metalinguística da Teoria Dogmática, porque esta depende estruturalmente de uma diferenciação interna da jurisdição que irá ocorrer nos quadros da soberania nacional. De fato, a substituição do rei pela nação, conceito mais abstrato e, portanto, de uma maleabilidade maior, permitirá a manutenção do caráter uno. Indivisível, inalienável e imprescritível da soberania (Constituição Francesa de 1791), em perfeito acordo com a divisão dos poderes que, por sua vez, dará origem a uma concepção de poder judiciário com caracteres próprios e autônomos ("o poder judiciário não pode em nenhum caso ser exercido pelo corpo legislativo, nem pelo rei", art. 1º, Cap. V) e com a possibilidade de atuação limitada ("os tribunais não podem se imiscuir no exercício do poder legislativo, nem suspender a execução das leis", art. 3º, Cap. V).

A teoria clássica da divisão dos poderes, construída com um claro acento anti-hierarquizante e com a finalidade de explodir a concepção mono-hierárquica do sistema político, irá garantir de certa forma uma progressiva separação entre Política e Direito, regulando a legitimidade da influência política na administração, que se torna totalmente aceitável no legislativo, parcialmente aceita no executivo e é fortemente neutralizada no judiciário, dentro dos quadros ideológicos do Estado de Direito.[69] Ao mesmo tempo, porém, criará condições para que essa pretendida neutralização do judiciário

---

[69] Cf. Carl Friedrich. *Der Verfassungsstaat der Neuzeit*, Berlin, Göttingen, Heidelberg, 1953, p. 208 ss. Sobre o papel do princípio da divisão dos poderes para garantir a liberdade do cidadão, ver Montesquieu, *L'esprit des lois*. Paris, sem data, Livre XI, Ch. VI. Ver também John Locke, *Concerning civil government*, Second Essay, ed. da Britannica, Chicago, London, Toronto, Geneve, 1952, p. 58, Cap. XII.

64 Função Social da Dogmática Jurídica • Ferraz Jr.

venha a levantar o metaproblema de suas condições de possibilidade, isto é, proposta e até certo ponto realizada a neutralização, como resolver os problemas que ela, ao resolver um problema político, por sua vez coloca (por exemplo, o problema das lacunas).

De fato, a neutralização do judiciário é uma das peças importantes no aparecimento da Dogmática como uma teoria autônoma. Ela se torna, no correr do século XIX e com todos os percalços que a acompanham, a pedra angular dos sistemas políticos mais desenvolvidos, na medida em que permite a substituição da unidade hierárquica concreta simbolizada pelo *rex* por uma estrutura complexa de comunicação e controle de comunicação entre forças mutuamente interligadas. Essa atuação é acompanhada de uma desvinculação progressiva que irá sofrer o Direito de suas bases políticas, éticas e, mais tarde, nas suas formas epigônicas, até mesmo sociais. Com isso, em comparação com ordens jurídicas anteriores, somos conduzidos a uma mudança do *onus probandi*, pois o Direito deixa de ser um ponto de vista em nome do qual mudanças e transformações são rechaçadas. Ao contrário, há uma inversão de funções, passando a ser reconhecida a legitimidade com limites difusos do desejo de mudança e transformação, do que o Direito se torna subsidiário. Em outras palavras, o ônus da prova cabe agora a quem se interpõe ao estabelecimento político do Direito novo. Essa canalização de todas as projeções normativas com a pretensão de validade para o endereço político e o consequente tratamento oportunístico dos valores máximos são uma implicação paradoxal do processo de neutralização do judiciário e da desvinculação do Direito de suas bases.

Esse desenvolvimento, que toma conta da situação político-jurídica no século XIX, será responsável pela importante posição que as regras dogmáticas passarão a ocupar, tendo em vista a atividade do próprio judiciário.[70] O lugar privilegiado da lei como fonte do Direito e a concepção da ordem jurídica como sistema normativo são novas peças na configuração do problema. De fato, a canalização das projeções normativas para o endereço político irá exigir, de uma parte, a centralização organizada da legislação; de outra, o aparecimento de uma série de conceitos, que a própria Dogmática se encarregará de elaborar, como a proibição da decisão *contra legem*, a distinção entre fontes formais e materiais,[71] a oposição entre Direito Objetivo e Direito Subjetivo,[72] a distinção entre governo e administração[73] etc. Ambas – centralização e figuras dogmáticas – estão intimamente ligadas, portanto, ao fenômeno da positivação do Direito.

O termo *positivação* pode ser entendido de modo lato ou estrito. Num sentido lato, o Direito Positivo é considerado o Direito posto, o que leva a uma compreensão mais ampla que pode enquadrar como positivas as formações jurídicas de épocas e lugares heterogêneos, donde a ideia de que a positivação possa ser um fenômeno senão exclusivo, pelo menos de importância decisiva na formação de qualquer Direito. Aqui tomamos, porém, o termo no seu sentido estrito, procurando configurar uma situação típica do

---

[70] Ver Carl Friedrich, *Perspectiva histórica da filosofia do direito*. São Paulo, 1965, p. 119 ss.

[71] Ver Miguel Reale, O *direito como experiência*. São Paulo, 1968, p. 147-186.

[72] Ver, sobre o tema, entre outros, Jean Dabin, *El derecho subjetivo*. Madrid, 1955.

[73] Reinhard Bendix, *Max Weber*: an intellectual portrait. Buenos Aires, 1970, p. 396 ss.

Direito a partir do século XIX. Notamos, nessa época, que a relação homem/mundo circundante toma contornos específicos. Como nota Foucault,[74] o homem se torna, nessa época, aquele ser a partir do qual todo conhecimento pode ser constituído em sua evidência imediata e não problematizada. O mundo circundante surge como o lugar da experiência humana, aparecendo o próprio ser do homem como transformador das estruturas do mundo, e o mundo como uma estrutura planificada que inclui o próprio homem.

Socialmente, temos, então, os problemas da organização dos quadros técnicos e profissionais; economicamente, o problema da produção planificada; politicamente, o dos mecanismos de controle da presença das massas no Estado.[75]

Nesse contexto, o mundo, isto é, o lugar da experiência humana, passa a ser encarado pelo homem como um problema, ou conjunto de problemas, que atuam sobre o homem motivando-o. Problemas têm uma capacidade de mobilizar uma série de soluções. Afinal, enquanto questões abertas, eles passam a exigir do homem uma atividade específica. Ora, se o homem planeja e decide, isso o leva a uma situação ambígua: de um lado, nota-se a relação tornada meramente pragmática do homem com o mundo, pois aquele, vendo neste apenas um problema, transforma a sua ação basicamente em decisão, ou seja, numa opção hipotética que deve modificar-se de acordo com os resultados e cuja validade

---

[74] Foucault, cit., p. 356.

[75] Além de Weber, cit., p. 548 ss., ver, ainda, Georges Ripert, *Le déclin du droit*. Paris, 1949, e Karl Mannheim, *Liberdade, poder e planificação*. São Paulo, p. 63-226. Sobre a distinção entre *massa* e *povo*, e suas implicações jurídico-políticas, ver Goffredo Telles Jr., *O direito quântico*. São Paulo, Cap. VI.

repousa no seu bom funcionamento; de outro, observa-se a progressiva perda do senso comum e a dissolução dos valores aí implicados, que explicam um certo vazio espelhado na ausência de padrões últimos de julgamento, de bases seguras para a própria ação de decidir.

Juridicamente, podemos então falar no problema da positivação do Direito: o homem é, ao mesmo tempo, fundamento e objeto de todas as positividades. Nesse quadro, a concepção genérica – o sentido lato de positivação, segundo o qual ela corresponde a um fenômeno no qual em todo e qualquer Direito há normas que valem por força de posição por parte de autoridade, e só por outra posição podem ser derrogadas ou revogadas – toma um contorno específico, o sentido estrito de positivação. Positivação passa a ser termo correlato de decisão. Ora, na medida em que toda decisão implica a existência de motivos decisórios, a positivação passa a ser um fenômeno em que "todas as valorações, regras e expectativas de comportamento na sociedade têm de ser filtradas através de processos decisórios antes de adquirir validez jurídica".[76] Em outras palavras, Direito Positivo é não só aquele que é posto por decisão mas, além disso, aquele cujas premissas da decisão que o põem também são postas por decisão. Nestes termos, a positivação é um fenômeno típico do século XIX até os nossos dias, pois, se, num sentido lato e amplo da positivação, o Direito Positivo é Direito que vale por força de uma decisão, no sentido estrito, o critério da validade deixa de ser um ato único de decisão – e o século XIX ainda o percebeu, em parte, com esta limitação – para ser a própria vivência da mutabilidade. O que é novo, aqui, é que a positividade do Direito é acompanhada da legalização das mudanças do Direito.

---

[76] Ver Luhmann, cit., p. 141.

68 Função Social da Dogmática Jurídica • Ferraz Jr.

A positivação do Direito, que no século XIX será representada pela crescente importância da lei, aos poucos vai modificar a atuação do Direito na sociedade, com implicações decisivas para o desenvolvimento da Dogmática como uma teoria autônoma. De fato, com ela cresce a disponibilidade temporal do Direito, pois sua validade se torna maleável, podendo ser limitada no tempo, adaptada a prováveis necessidades futuras de revisão, possibilitando, assim, um alto grau de prováveis ações dos comportamentos como juridicizáveis, não dependendo mais o caráter jurídico das situações de algo que tenha sido sempre Direito. O Direito se torna um instrumento da modificação planificada da realidade, abarcando-a nos seus mínimos aspectos. Ora, com isto surgem em plena evidência as condições para a colocação do problema do âmbito do Direito, da existência ou não de situações não juridicizáveis, portanto, da existência do âmbito do não jurídico, uma das questões básicas na elaboração dos sistemas jurídicos pela Dogmática.

Essa questão nos leva à condicionalidade do problema ligada à concepção do Direito como um sistema normativo. Como se sabe, ela não foi apenas uma tendência teórica, mas também esteve ligada, inegavelmente, às necessidades de segurança da sociedade burguesa.[77] O período anterior à Revolução Francesa caracterizara-se pelo enfraquecimento da justiça através do arbítrio inconstante do poder da força, provocando a insegurança das decisões judiciárias.[78] A pri-

---

[77] Cf. Pietro Barcellona, *Diritto privato e processo economico*. Napoli, 1973, p. 53 ss.

[78] Cf. Karl Larenz, *Rechts und Staatsphilosophie der Gegenwart*. Berlin, 1935, p. 15. Ver também Noé Azevedo, *As garantias da liberdade individual em face das novas tendências penais*. São Paulo, 1936, p. 32 ss.

meira critica a essa situação veio do círculo dos pensadores iluministas. A exigência de uma sistematização do Direito acabou, então, por impor-se aos juristas, obrigando-os à valorização dos preceitos legais no julgamento dos fatos vitais decisivos. Daí surgiu na França, já no século XIX, a poderosa Escola da Exegese, de grande influência nos países em que o espírito napoleônico predominou e que correspondeu, no mundo germânico, à Doutrina dos Pandectistas.[79]

A tarefa do jurista, que se torna então tipicamente dogmática, a partir daí circunscreve-se cada vez mais à teorização e sistematização da experiência jurídica, em termos de uma unificação construtiva dos juízos normativos e do esclarecimento dos seus fundamentos, descambando por fim, já ao final do século XIX, para o positivismo legal, com uma autodelimitação do pensamento jurídico ao estudo da lei positiva e ao estabelecimento da tese da estatalidade do Direito.[80] Esse desenvolvimento redunda na configuração de um modo típico de pensar o Direito e que se transformou naquilo que ainda hoje conhecemos como Dogmática Jurídica. De modo geral, esse pensamento apresenta uma concepção de sistema característica, apesar da diversidade de suas formas.

Em primeiro lugar, trata-se de um sistema fechado, do qual decorre a exigência de acabamento, ou seja: a ausência de lacunas.[81] O problema das lacunas da lei já aparece

---

[79] Sobre a Escola da Exegese, ver J. Bonnecase, *L'école de l'Exégèse en droit civil*. 2. ed. Paris, 1924.

[80] Ver Miguel Reale, *Filosofia do direito*. 2 v. São Paulo, 1969, p. 361 ss.

[81] Sobre o problema das lacunas, de extensa bibliografia, ver, entre outros, Karl Engisch, *Einführung in das juristische Denken*, Stuttgart, Berlin, Köln, Mainz, 1968, Cap. VII; a coletânea de Perelman, *Les problèmes des lacunes en droit*, cit.; Amedeo G. Conte, *Saggio sulla completezza degli or-*

70 Função Social da Dogmática Jurídica • Ferraz Jr.

nas obras de juventude de Savigny, embora a ele não haja evidentemente referência expressa, com essa terminologia. Com efeito, na sua chamada *Kollegschrift*, de 1802 a 1803, distingue ele, ao lado da elaboração histórica, a elaboração filosófica ou sistemática do Direito, cujo propósito seria descobrir as conexões existentes na multiplicidade das normas.[82] Neste sentido, o Direito constitui uma totalidade que se manifesta no sistema de conceitos e proposições jurídicas em íntima conexão. Nessa totalidade, que tende a fechar--se em si mesma, as lacunas aparentes devem sofrer uma correção num ato interpretativo, não pela criação de nova lei especial, mas pela redução de um caso dado à lei superior na hierarquia. Isso significa que as leis de maior amplitude genérica contêm, logicamente, as outras na totalidade do sistema. Nesse sentido, toda e qualquer lacuna é, efetivamente, uma aparência. O sistema jurídico é necessariamente manifestação de uma unidade imanente, perfeita e acabada, que a análise sistemática, realizada pela Dogmática, faz mister explicitar. Essa concepção de sistema, que informa marcantemente a Jurisprudência dos Conceitos, acentua-se e desenvolve-se com Puchta e a sua pirâmide de conceitos, a qual enfatiza o caráter lógico-dedutivo do sistema jurídico como desdobramento de conceitos e normas abstratas da generalidade para a singularidade, em termos de uma totalida-

---

dinamenti giuridici, Torino, 1962; Lourival Vilanova, *As estruturas lógicas e o sistema do direito positivo*. São Paulo, Max Limonad, 1997; Norberto Bobbio, *Teoria dell'ordinamento giuridico*. Torino, 1960; Hans Kelsen, *Reine Rechtslehre*. Viena, 1960. O tema já foi por nós tratado em outros trabalhos: *Direito, retórica e comunicação*. São Paulo, 1973; *Conceito de sistema no direito*. São Paulo, 1976; *A ciência do direito*. São Paulo, 1977.

[82] Cf. Karl Larenz, *Die Methodenlehre der Rechtswissenschaft*, Berlin, Göttingen, Heidelberg, 1960, p. 9 ss.

de fechada e acabada. Com o advento da chamada Jurisprudência dos Interesses, o sistema não perde o seu caráter de totalidade fechada e perfeita, embora perca em parte a sua qualidade lógico-abstrata. Com a introdução do conceito de interesse, e já anteriormente com o de finalidade,[83] aparece na concepção de sistema uma dualidade que se corporificará mais tarde naquilo que Heck denominaria de sistema exterior e sistema interior, ou sistema dos interesses, como o relacionamento das conexões vitais.[84]

A ideia de sistema fechado, marcado pela ausência de lacunas, acaba assim ganhando o caráter de ficção jurídica necessária, ou seja, o sistema jurídico é considerado como totalidade sem lacunas, apenas *per definitionem*.[85]

A segunda característica dessa concepção, que está na base do desenvolvimento da Dogmática e implícita na primeira, revela a continuidade de uma tradição dos séculos XVI, XVII e XVIII: trata-se da ideia do sistema como um método, como um instrumento metódico do pensamento ou, ainda, da Dogmática Jurídica. A esta segunda caracterís-

---

[83] Ver Rudolf von Jhering, *Geist des roemischen Rechts*, 1864, v. IV. Com a publicação do 4º vol., o pensamento de Jhering sofre uma inflexão: o autor abandona certas concepções naturalistas da fase anterior (onde o Direito é comparado a "máquina", "mecanismo", "organismo"), substituindo-as por uma visão teleológica, o que o obrigará, inclusive, a interromper a publicação da obra supramencionada e a dedicar-se à outra linha de pensamento, o que acontecerá a partir da publicação do primeiro volume de *Der Zweck im Recht*, em 1877. Cf. Larenz, *Methodenlehre*, p. 44 ss.

[84] Ver Philipp Heck, *Das Problem der Rechtsgewinnung*. Bad Hamburg vor der Höhe, Berlin, Zürich, 1968, p. 188.

[85] Haverá autores, contudo, como Carl Bergbohm, *Jurisprud enz und Rechtsphilosophie*. Leipzig, 1892, p. 367 ss., que afirmarão ser o Direito uma totalidade acabada de fato.

72 Função Social da Dogmática Jurídica • Ferraz Jr.

tica é que se liga o chamado procedimento construtivo e o dogma da subsunção. De um modo geral, pelo procedimento construtivo, as regras jurídicas são referidas a um princípio ou a um pequeno número de princípios e daí deduzidas. Pelo dogma da subsunção, segundo o modelo da lógica clássica, o raciocínio jurídico se caracterizaria pelo estabelecimento tanto de uma premissa maior, a qual conteria a diretiva legal genérica, quanto da premissa menor, que expressaria o caso concreto, sendo a conclusão a manifestação do juízo concreto. Independentemente do caráter lógico-formal da construção e da subsunção, e sem querer fazer aqui uma generalização indevida, é possível afirmar que, *grosso modo*, esses dois procedimentos marcam significativamente o desenvolvimento da Dogmática no século XIX.[86]

Notamos, assim, que o desenvolvimento da Dogmática no século XIX, ligado à sua função social na época, passa a atribuir aos seus conceitos um caráter abstrato que permite uma emancipação das necessidades cotidianas dos interesses em jogo. Com isso, se tornou possível uma neutralização dos interesses concretos na formação do próprio Direito, neutralização essa já exigida politicamente pela separação dos poderes e pela autonomia do poder judiciário. Além disso, no século XIX a atividade dogmática não se vincula mais a nenhum Direito Sagrado, nem mesmo a um conteúdo ético teologicamente fundado, mas a formas abstratas, sobre as quais se dispõe com certa liberdade através de novas abstrações. Mesmo a polêmica da Jurisprudência dos Interesses – e mais tarde da Escola da Livre Interpretação – contra uma Jurisprudência dos Conceitos não muda essa situação que

---

[86] Sobre o tema, ver Giorgio Lazzaro, *Storia e teoria della costruzione giuridica*. Torino, 1965, especialmente Cap. VIII, Costruzione come sussunzione.

domina a Dogmática. Ela não ocorre contra o seu caráter abstrato, contra a sua conceptualidade, mas somente contra uma pretensão de um dispor conceitual autônomo sobre questões jurídicas apenas de um ponto de vista cognitivo. Assim, no século XIX, a Dogmática se instaura como uma abstração dupla: a própria sociedade, na medida em que o sistema jurídico se diferencia como tal de outros sistemas – do sistema político, do sistema religioso, do sistema social *stricto sensu* –, constitui, ao lado das normas, conceitos e regras para a sua manipulação autônoma. Ora, isso (normas, conceitos e regras) passa a ser o material da Dogmática, que se transforma numa elaboração de um material abstrato, num grau de abstração ainda maior, o que lhe dá, de um lado, certa independência e liberdade na manipulação do Direito, permitindo-lhe grande mobilidade, pois tudo aquilo que é Direito passa a ser determinado a partir das suas próprias construções. Neste sentido, Jhering nos falava da construção jurídica, ligada, é verdade, ao Direito Positivo como um dado, mas capaz "de lhe dar a unidade sistemática necessária para sua própria atuação".[87] De outro lado, porém, paga-se um preço por isso: o risco de um distanciamento progressivo, pois a Dogmática, sendo abstração de abstração, vai preocupar-se de modo cada vez mais preponderante com a função das suas próprias classificações, com a natureza jurídica dos seus próprios conceitos etc.

---

[87] Jhering nos fala, neste sentido, em "Jurisprudência inferior" (a que trata da matéria jurídica na sua forma originária, tal como ela é dada) e "Jurisprudência superior" (que transforma aquela matéria em noções mais altas). Ver *Jahrbücher für die Dogmatik des heutigen römischen und deutschen Rechts*, I, *Unsere Aufgabe*, p. 9, citado por Lazzaro, cit., p. 11.

5 A Dogmática na atualidade

A primeira metade do século XX acentua as preocupações metodológicas já presentes no século anterior. O início do século é dominado por correntes que levam as preocupações do pandectismo ao seu máximo aperfeiçoamento – por exemplo, na obra de Kelsen – ou insistem numa concepção renovada da Dogmática, ligando-a à realidade empírica. Como latente herança dos métodos dedutivos do jusnaturalismo, permeados pelo positivismo formalista do século XIX, podemos lembrar inicialmente algumas teorias jurídicas, sobretudo do Direito Privado, cujo empenho sistemático está presente em muitos de nossos manuais. O jurista aparece aí como o teórico do Direito que procura uma ordenação dos fenômenos a partir de conceitos gerais obtidos, para uns mediante processos de abstração lógica, e para outros pelo reconhecimento tético de institutos historicamente moldados e tradicionalmente mantidos.

É possível notar-se, neste momento, a preocupação de constituir séries conceituais – como direito subjetivo, direito de propriedade, direito das coisas, direito real limitado, direito de utilização das coisas alheias, hipotecas etc. A característica desse tipo de teorização é a preocupação com a completude, manifesta nas elaborações de tratados, onde se atribui aos diferentes conceitos e à sua subdivisão em subconceitos um acabamento que deve permitir um processo seguro de subsunção de conceitos menos amplos a conceitos mais amplos. A Dogmática Jurídica constrói-se, assim, como um processo de subsunção dominada por uma dualidade lógica em todo o fenômeno jurídico, que o reduz a duas possibilidades: ou se encaixa ou não se encaixa, construindo-se enormes redes paralelas de seções. A busca, para cada ente jurídico, de sua natureza – e esta é a preocupação com a natureza jurídica dos institutos, dos regimes etc. – pressupõe uma atividade teórica desse tipo, na qual os fenômenos ou são de Direito Público ou de Direito Privado, um direito qualquer ou é real ou é pessoal, assim como uma sociedade ou é comercial ou é civil, sendo as eventuais incongruências ou tratadas por exceções ou contornadas por ficções.

No entanto, ao realizar essa ordenação sistemática em nosso século, a Dogmática tem percebido que não trabalha com conceitos da mesma natureza. Alguns são conceitos empíricos e genéricos, elaborados pela própria técnica jurídica, por exemplo: pretensão, declaração de vontades, sujeitos de direito etc. Outros são conceitos empíricos, referentes a objetos e situações significativas para a vida social, tais como: casa, árvore, frutos, empresas, serviços etc. Outros, ainda, se relacionam à essência dos fenômenos típicos da vida social: comunhão de bens, propriedade privada, pessoa, posse etc. Finalmente, ainda, há aqueles que se reportam a valores éticos: boa-fé, usos e costumes, mulher honesta etc.

Tal multiplicidade tem levado alguns autores, como Kelsen, a propor o que se chama de teoria pura: uma manifesta pretensão de reduzir todos os fenômenos jurídicos a uma dimensão exclusiva e própria, capaz de ordená-los coerentemente. Essa dimensão seria a normativa. Nesses termos, Kelsen propõe uma teoria jurídica preocupada em ser, nos diferentes conceitos, uma Teoria do Direito no seu aspecto normativo, reduzindo, portanto, todos os aspectos a normas ou a relações entre normas. O princípio de sua proposta está numa radical distinção entre duas categorias básicas de todo o conhecimento humano: ser e dever-ser, a partir da qual se distingue o mundo da natureza e o mundo das normas. Kelsen reconhece que o Direito é um fenômeno de amplas dimensões, sendo objeto de uma Sociologia, História, Psicologia, Ética, Antropologia etc. Para a Teoria Jurídica, *stricto sensu*, porém, ele deve ser visto como um objeto que é o que é pela sua especial forma normativa.[88]

Um dos conceitos-chave aos quais Kelsen dá um especial tratamento é o de vontade. Para ele, a vontade é apenas o resultado de uma operação lógica fundamental para a compreensão da normatividade do Direito, a chamada imputação. Imputação é o modo como os fatos se enlaçam dentro de uma conexão normativa. A pena é imputada a um comportamento de onde temos a noção de delito. O comportamento que evita a pena e não é imputado conduz à noção de dever jurídico. Assim, sujeitos de direito nada mais são do que centros de imputação normativa e vontade; em outras palavras, em termos jurídicos, seria uma construção normativa que representa o ponto final num processo de imputação.[89]

A proposta kelseniana tem seguidores, sobretudo na Dogmática do Direito Público. Na Dogmática do Direito Privado foi menor sua influência, sobretudo pelas raízes romanas do pensar desta. Por isso, muitos juristas continuam a ver o Direito como um fenômeno inserido em situações

---

[88] Cf. Kelsen, *Reine Rechtslehre*, cit., p. I, 72. Da extensa bibliografia sobre Kelsen, entre os mais recentes, ver Karl Leiminger, *Die Problematik der reiennen Rechtslehre*, Wien-New York, 1970; Maria Helena Diniz, *A ciência jurídica*, São Paulo, 1977; Ralf Dreier, Sein und Sollen, *Juristen Zeitung*, Tübingen, n$^{\circ}$ 11-12, 9 jun. 1972, p. 329 ss; Lourival Vilanova, Teoria da norma fundamental (comentários à margem de Kelsen), separata do *Anuário do Mestrado em Direito*. Recife, n$^{\circ}$ 7 jan./dez. 1976, p. 131 ss.

[89] Cf. Kelsen, *Reine Rechtslehre*, cit., p. 95 ss.

vitais. Daí a necessidade de uma Dogmática Jurídica que se construa em parte de conexões vitais (Direito de Família, Direito do Trabalho etc.); em parte de diferenças conceituais formais (relações jurídicas, sujeito de direito etc.); em parte de diferenças estruturais lógico-materiais (Direito das Obrigações, Direito das Coisas etc.); em parte de princípios (da igualdade das partes na relação processual). Nesse sentido, o Direito é concebido como um fenômeno que aponta para certas estruturas, as quais revelam uma certa articulação natural, uma certa normatividade própria. Costuma-se empregar a respeito delas – e lembramos Savigny – o termo *instituto jurídico*, não com o significado dado por aquele autor, mas com o significado positivista de complexo de normas. Nesse sentido, às vezes a Dogmática Jurídica toma o sentido de teoria cultural, não necessariamente como produto metódico de procedimentos formais dedutivos e indutivos apenas, mas uma espécie de conhecimento que constitui uma unidade imanente de base real, que repousaria sobre valorações.[90]

Neste quadro muito amplo, cuja pedra angular é a concepção do Direito como norma e como realidade empírica, percebemos elementos que guardam entre si diversas relações, variáveis conforme as diferentes escolas – podemos incluir aqui a Jurisprudência Sociológica de Ehrlich, Duguit, Roscoe-Pound, os princípios exegéticos da Escola da Livre Investigação Científica de Gény e do Direito Livre de Kantorowitz, da Jurisprudência Axiológica de Westermann e Reinhardt, que se propõe um reexame da Jurisprudência dos Interesses de Heck, sem falar do Realismo americano de Hewellyn, Frank, Cohen; ou do Realismo escandinavo de Hagerstrom, Lundstedt, Olivecrona e Ross. Essa oposição

---

[90] Neste sentido, por exemplo, o tridimensionalismo de Miguel Reale.

entre norma e realidade, que vai marcar a Dogmática Jurídica, significa, além disso, a consciência de uma necessidade constante de rever o pensamento dogmático, pois o Direito, não repousando apenas nas suas normas, mas tendo outras dimensões, vai exigir da Dogmática Jurídica uma reformulação constante dos seus próprios conceitos.

Este panorama – e não história – da Teoria Jurídica, que nos conduz à Dogmática no século XX, e que não deve ser encarado criticamente, nos aponta o encontro não muito organizado de tendências que, no seu todo, fornecem uma visão do que se poderia chamar de Dogmática Jurídica. Nossa intenção é, a seguir, tentar delineamentos capazes de, circunscrevendo alguns problemas básicos da teorização dogmática, assinalar-lhes um lugar próprio na Teoria Jurídica.[91]

---

[91] Para uma discussão atual deste tema, ver Gerhard Struck, Dogmatische Discussionüber Dogmatik, *Juristenzeitung*, 1975, p. 84 ss.; Eike von Savigny e outros, *Juristische Dogmatik und Wissenschaft stheorie*, München, 1976. Ver ainda Irineu Strenger, *Da dogmática jurídica*. São Paulo, 1964, Cap. 1.

2

CARACTERÍSTICAS E FUNÇÕES BÁSICAS DA DOGMÁTICA

SUMÁRIO: 1 Dogmática e pensamento tecnológico; 2 O princípio da inegabilidade dos pontos de partida; 3 A viabilização das condições do juridicamente possível

1 Dogmática e pensamento tecnológico

Como herança do pensamento jurídico no século XIX, a Dogmática liga-se preponderantemente à aplicação do Direito. Afinal, como vimos, desde Savigny ela acentua a visão do juiz na compreensão dos problemas. Naquela época, numa sociedade relativamente pouco complexa, havia uma sensível redução dos problemas a conflitos individuais, e, mesmo nos conflitos entre grupos, estes eram tomados como indivíduos. Por isso, a Dogmática se desenvolveu à sombra do Direito Privado,[1] no qual prepondera o ângulo do juiz como um terceiro, neutro perante as partes. A Dogmática

---

[1] Para um exame mais detalhado do tema, especialmente no que se refere à oposição entre Direito Privado e Direito Público, ver a tese de

80 Função Social da Dogmática Jurídica • Ferraz Jr.

serve a esse ponto de vista e busca manter essa neutralidade. Assim, na construção dos seus conceitos, a função de advogados, administradores e mesmo legisladores é menor, pois todos eles aparecem como auxiliares do juiz, devendo entender o Direito sob o seu ponto de vista. Toda a Dogmática, consequentemente, é marcada por uma concepção do Direito ligada à atividade jurisdicional. Ela compõe, delineia e circunscreve procedimentos que conduzem a autoridade à tomada de decisão. Foi essa delimitação que conduziu a Dogmática Jurídica à ideia de subsunção e à ideia de classificação como critérios máximos da sua elaboração teórica, como se todos os partícipes da função jurisdicional vissem o Direito da mesma forma.[2]

É verdade que, do ponto de vista de advogados, de administradores e de legisladores, os quais na prática veem o Direito com outras estratégias, eminentemente parciais, o Direito toma uma configuração tática que introduz, na Dogmática, elementos estranhos à visão neutra e imparcial (o que, aliás, é um dos agentes provocadores de disputas intermináveis sobre a racionalidade da própria Dogmática). Esses elementos acabam servindo de "correção" à atividade do juiz e à própria Dogmática, que explicita a decidibilidade de conflitos.[3]

Este quadro, sem dúvida, se de um lado limita o alcance da Dogmática Jurídica, de outro nos permite delinear al-

---

livre-docência de Anacleto de Oliveira Faria, *Atualidade do direito civil*. São Paulo, 1965 (mimeografado).

[2] Cf. Peter Noll, *Gesetsgebungslehre*. Reinbeck bei Hamburg, 1973, p. 9 ss.

[3] Isso nos conduz a um desacordo sobre a própria Dogmática no que se refere ao seu âmbito, objeto e método: cf. Gerhardt Struck, Dogmatische Diskussionüber Dogmatik, *Juristenzeitung*, 1975, p. 75 ss.

gumas de suas características básicas que a constituem na atualidade, tal como ela é, e não tal como ela deveria ser. Para entendermos a Dogmática Jurídica contemporânea, é necessário reconhecer que ela nasce marcada pelo fenômeno da positivação. Este, como já vimos, é caracterizado pela libertação que sofre o Direito de parâmetros imutáveis e duradouros, de premissas materialmente invariáveis, apresentando uma tendência a certo formalismo e institucionalização da mudança e da adaptação através de procedimentos cambiáveis, conforme as diferentes situações. A positivação, portanto, tanto ressalta a importância na constituição do Direito, do chamado Direito posto, positivado por uma decisão, quanto não pode esconder a presença do ser humano como responsável pela própria posição do Direito. Desse modo, a positivação força, de um modo especial, a tematização do ser humano como objeto central de preocupação do jurista, fazendo da própria Dogmática Jurídica uma disciplina, ligada às ciências humanas no sentido moderno da expressão. Ainda hoje, mesmo correntes que procuram fazer da Dogmática Jurídica uma teoria da norma posta não podem deixar de enfrentar o problema do comportamento humano em suas implicações na elaboração e na aplicação do Direito.

O fenômeno da positivação estabelece, assim, o campo em que se move a Dogmática Jurídica atual. Não que isso deva ser entendido em termos positivistas, no sentido de que só o Direito Positivo é seu objeto, mas, simplesmente, no de que a positivação envolve o ser humano de tal modo que toda e qualquer reflexão sobre o Direito tem de tomar posição perante ela. Ela não torna o Direito Positivo em objeto único da Dogmática Jurídica, mas condiciona as investigações que se façam em seu nome. Nesses termos, podemos afirmar que a positivação é responsável pela deli-

82 Função Social da Dogmática Jurídica • Ferraz Jr.

mitação do problema central da Dogmática Jurídica. Note-se que falamos em problema e não em objeto. Com isso, queremos dizer que, seja qual for seu objeto, a Dogmática Jurídica sempre envolve uma questão de decidibilidade. Como entender isso?

A verdade é que toda ciência tem um objeto, mas seja qual for, tanto o objeto quanto a ciência, um problema máximo a envolve, o qual pode ser qualificado como sua questão peculiar. Referimo-nos à alternativa *verdadeiro ou falso*.[4] Uma investigação científica sempre faz frente ao problema da verdade. Admitimos, assim, que toda ciência pretende obter enunciados independentes da situação em que são feitos, na medida em que aspiram a uma validade *erga omnes*. Essa aspiração pode ser apresentada em três níveis diferentes, mas inter-relacionados, distinguíveis conforme sua intenção de verdade, sua referência à realidade e seu conteúdo informativo. Um enunciado aspira à verdade na medida em que propõe, concomitantemente, os critérios e os instrumentos para sua verificação intersubjetiva. Quanto à referência à realidade, um enunciado pode ser descritivo ao constatar uma situação; prescritivo quando estabelece uma situação, independentemente da sua constatação, como um dever-ser; resolutivo quando propõe uma tomada de decisão perante uma situação etc. Quanto ao conteúdo informativo, um enunciado pretende transmitir uma informação sobre a realidade à qual se refere significativamente.[5]

---

[4] Cf. Ernst Nagel, Ciência: natureza e objetivo. In: *Filosofia da ciência*. Trad. de L. Hegenberg e O. S. da Mota. São Paulo, 1967, p. 13 ss.

[5] Cf. Karl R. Popper, *The logic of scientific discovery*. London, 1959, p. 121 ss.; Hans Albert, Modellplatonismus: der neoklassische Stil desökonomischen Denkens in Kritisher Beleuchtung. In: *Logik der Sozialwissenschaften*,

Ora, os enunciados científicos são, basicamente, descritivos, aparecendo os demais secundariamente no estabelecimento do método, na escolha dos temas etc. Sendo descritivos, são enunciados que constatam o que existiu, existe ou existirá, tendo pois um sentido operacional manifesto, constituindo um sistema de previsões prováveis e seguras, bem como de reproduções e interferências nos fenômenos que descreve. Trata-se, portanto, de constatações certas cuja evidência, conforme os critérios de verificação em cada época do desenvolvimento científico, nos indica em alto grau que são verdadeiras. Constituída de enunciados verdadeiros, a ciência tende a excluir os enunciados duvidosos ou de comprovação insuficiente. Desde que, porém, o limite de tolerância para admitir-se um enunciado como comprovável, verificável, é impreciso, costuma-se distinguir entre enunciados que, numa certa época, são de comprovação e verificação relativamente frágeis – as hipóteses – daqueles que realizam uma comprovação e verificação relativamente seguras – as leis. As sistematizações de ambos em conjuntos logicamente concatenados constituem as teorias.[6]

Sendo os enunciados da ciência verificáveis, a possibilidade de serem verdadeiros é variável. Se podem ser verificados, também podem ser falsificados.[7] Ora, a experiência nos mostra que é possível estabelecer proposições cuja verdade

---

ed. por Topitsch, Köln, Berlin, 1965, p. 406 ss. Ver também Adam Schaff, *Einführung in die Semantik*. Ost-Berlin, 1966, p. 277 ss.

[6] Cf. Patrick Suppes, Que é uma teoria científica? In: *Filosofia da ciência*, cit., p. 111 ss. Ver também Popper, cit., p. 71 ss. Ver ainda Charles W. Morris, *Zeichen, Sprache und Verhalten*. Trad. de A. Eschbach e G. Kopsch, Düsseldorf, 1973, p. 219 ss.

[7] Cf. Popper, cit., p. 113 ss.

não se nega, quanto à intenção de verdade, mas que não fornecem uma informação efetiva sobre a realidade que significam, quanto ao conteúdo da informação. São enunciados redundantes e tautológicos do tipo "a mesa é mesa", "o azul é azul", "ou chove ou não chove" etc. É possível, por sua vez, o estabelecimento de proposições de alto grau informativo, mas de baixa quota de verificabilidade. São enunciados do tipo "os brasileiros são em geral de índole pacífica". Combinando-se a intenção de verdade com o conteúdo informativo dos enunciados descritivos da ciência, podemos então dizer que esses assumem um risco de fracasso que cresce com o aumento do seu conteúdo informativo. Nesse sentido, a distinção entre leis e hipóteses é de grau, estando na fronteira das ciências os enunciados tautológicos, bem como os de conteúdo informativo indeterminado. Os enunciados científicos são, por isso, na terminologia de Popper, refutáveis: verificáveis e sempre sujeitos a uma falsificação. Sua validade é universal, mas não absoluta. São proposições basicamente descritivas e significativamente denotativas, isto é, dão uma informação limitada, porém precisa, impondo-se em certos contextos; estão sempre sujeitas à verificação, embora sejam aceitas universalmente.

Ora, o fenômeno da positivação cortou a possibilidade de a Dogmática Jurídica trabalhar com esse tipo de enunciado. Se o século XIX ingenuamente entendeu a positivação como uma relação causal entre a vontade do legislador e o Direito como norma legislada e posta, o século XX aprendeu rapidamente que o Direito Positivo não é criação da decisão legislativa (relação de causalidade), mas surge da imputação da validade do Direito a certas decisões – legislativas, judiciárias, administrativas.[8] Isso significa que o Direito prescinde, até certo ponto, de uma referência genética aos fatos que o produziram – um ato de vontade historicamente determinado – de tal modo que sua positividade passa a decorrer da experiência atual e corrente, que se modifica a cada instante e que determina a quem se devem endereçar sanções, obrigações, modificações etc.

A positivação representa, assim, uma legalização do câmbio do Direito.[9] Assim, por exemplo, a rescisão de um contrato de locação de imóveis pode ser proibida, de novo permitida, dificultada etc. O Direito continua resultando de uma série de fatores causais, muito mais importantes até que a decisão, como valores socialmente prevalecentes. Interesses de fato dominantes, injunções econômicas, políticas etc. Ele não nasce da pena do legislador. No entanto, a decisão do legislador, que não o produz, tem a função importante de escolher uma possibilidade de regulamentação do comportamento em detrimento de outras que, apesar disso, não desaparecem do horizonte da experiência jurídica, mas ficam presentes, à disposição, toda vez que uma mudança se faça oportuna.

Ora, essa situação modifica o *status* teórico da Dogmática Jurídica. Esta não se preocupa com a determinação daquilo que materialmente sempre foi Direito, com a finalidade de descrever aquilo que pode ser o Direito (o que seria uma

---

[8] Sobre a graduação da positividade no Direito, ver Miguel Reale. Graduazione della positività del Diritto, *Rivista Internazionale di Filosofia del Diritto*. Milano, ano L, fasc. 4, 1973, p. 788 ss.

[9] Ver Niklas Luhmann, *Rechtssoziologie*, Reinbeckbei Hamburg, 2 v., v. I, p. 209. Ver também, do mesmo autor, *Legitimation durch Verfahren*. Neuwiedam Rhein e Berlin, 1969, p. 141 ss.

86 Função Social da Dogmática Jurídica • Ferraz Jr.

relação causal). Mas se ocupa com a oportunidade de certas decisões tendo em vista aquilo que deve ser Direito (dações de imputação). Nesse sentido, seu problema não é primordialmente uma questão de verdade, porém de decidibilidade. Os enunciados da Dogmática Jurídica que compõem as doutrinas têm, por assim dizer, natureza criptonormativa, deles decorrendo consequências programáticas de decisões, pois devem prever, em todo caso, que, com sua ajuda, uma problemática social determinada seja solucionável sem consequências perturbadoras.[10]

Enunciados dessa natureza não são verificáveis nem, portanto, refutáveis, como são os enunciados científicos a que aludimos. Em primeiro lugar, porque a refutabilidade não exclui a possibilidade de um enunciado ser verdadeiro, ainda que uma comprovação adequada não possa ser realizada por ninguém. Nesse sentido, a validade da ciência independe de sua transformação numa técnica utilizável – por exemplo: a validade das teorias de Einstein independe da possibilidade de se construir a bomba atômica ou um reator atômico. Ao contrário, os enunciados da Dogmática Jurídica têm sua validade dependente de sua relevância prática; embora não seja possível deles deduzir uma decisão concreta, é sempre possível encará-los como instrumentos mais ou menos utilizáveis para a obtenção de uma decisão. Assim, por exemplo, Mário Mazagão, no seu *Curso de direito administrativo*,[11] após examinar entre outras uma teoria sobre a função executiva

---

[10] Ver Theodor Viehweg. Ideologie und Rechtdogmatik. In: *Ideologie und Recht*, ed. por Werner Maihofer, Frankfurt/M., 1969, p. 85.

[11] Mário Mazagão, *Curso de direito administrativo*. 3. ed. Max Limonad. São Paulo, p. 108. Sobre a questão, ver Norberto Bobbio, *Dalla struttura alla funzione*: nuovi studi di teoria del diritto. Milano, 1977, *passim*.

do Estado, refuta-a afirmando que sua fórmula – segundo a qual esta função é desempenhada quando o Estado cria situações de direito subjetivo, obrigando-se a si mesmo ou aos indivíduos ao cumprimento de certa prestação – é manifestamente estreita e insuficiente para caracterizar o poder executivo, o qual não se limita a criar situações jurídicas de caráter subjetivo, mas, por meios diretos e indiretos, promove a manutenção da ordem e o fomento da cultura e da prosperidade do país.

A questão – como entender a função executiva do Estado em relação à função legislativa e judiciária? – tem como cerne dubitativo não uma ocorrência histórico-social do fenômeno do Estado, mas uma concepção de Estado que *deve* fomentar o bem-estar e a prosperidade geral. *A* questão é tipicamente de decidibilidade. Ao envolver uma questão de decidibilidade, a Dogmática Jurídica manifesta-se como um pensamento tecnológico. Este possui algumas características do pensamento científico *stricto sensu*, na medida em que parte das mesmas premissas que este. No entanto, seus problemas têm uma relevância prática – possibilitar decisões –, o que exige uma interrupção na possibilidade de indagação das ciências em geral, no sentido de que a tecnologia fixa seus pontos de partida e problematiza apenas a sua aplicabilidade na solução de conflitos.[12]

O pensamento tecnológico, característico da dogmática, toma, por assim dizer, as possibilidades factuais mostradas pela ciência e as transforma em possibilidades de ação humana, na hipótese de que, em certos pontos da ocorrência dos fenômenos, é possível uma intervenção prática. Assim,

---

[12] Cf. Hans Albert, Wertfreiheit als methodisches Prinzip. In: *Logik der Sozialwissenschaften*, cit., p. 191 ss.

o pensamento tecnológico não chega a ser um sistema normativo, embora esconda alguma coisa de prescritivo. Ele não se opõe à ciência, mas a prolonga, realizando operações transformadoras consistentes na relevância atribuída a certas conclusões das teorias científicas para a solução de problemas práticos. Por isso, ele não vai além das próprias premissas da ciência, como se observa, por exemplo, nas relações entre a Criminologia e a Dogmática do Direito Penal, ligando-as, outrossim, a uma série de *desiderata* hipoteticamente estabelecidas em conformidade com os sistemas normativos vigentes.

Portanto, os enunciados dogmáticos, caracteristicamente, põem-se a serviço da problemática da realizabilidade de modelos de comportamento, como são as normas jurídicas, e das consequências da sua realização para a vida social, e que também lhes dá um certo sentido crítico.[13] Neste sentido, as doutrinas jurídicas aparecem como verdadeiros sistemas tecnológicos que são, por sua vez, base para uma certa racionalização da ação. Para que isso ocorra, ainda que parcialmente – e aqui se coloca o problema da racionalização da própria experiência jurídica e de suas limitações –, é preciso obterem-se decisões sobre fins e meios não dedutíveis do próprio saber dogmático, embora conseguidas em consideração dele.

Para entender isso, vamos admitir que em toda investigação jurídica estejamos sempre às voltas com perguntas e respostas, problemas que exigem soluções, soluções referidas a certos problemas. Surgem daí duas possibilidades de proceder à investigação, quer acentuando o aspecto pergun-

---

[13] Ver, nesse sentido, o conceito de *modelo dogmático* em Miguel Reale, *O direito como experiência*. São Paulo, 1968, p. 163.

ta, quer o aspecto resposta. Se o aspecto pergunta é acentuado, os conceitos-chave, as dimensões que constituem as normas e as próprias normas na sua referibilidade a outras normas (o que permite a organização de um sistema de enunciados), ou seja, todos esses elementos que constituem a base e conferem estrutura a um sistema, patente ou latente, dentro do qual um problema se torna inteligível, conservam seu caráter hipotético e problemático; não perdem a sua qualidade de tentativa, permanecendo abertos à crítica. Eles servem, pois, primariamente, para delimitar um horizonte problemático de um campo temático dado, mas ao mesmo tempo ampliam esse horizonte, trazendo essa problematicidade para dentro deles mesmos.

Num segundo aspecto, ao contrário, determinados elementos são subtraídos à dúvida, predominando o lado resposta, isto é, postos fora de questionamento. Mantidos como respostas não atacáveis, eles são pelo menos temporariamente postos de modo incontrastável. Dominam assim as demais respostas, de tal modo que estas, mesmo quando postas em dúvida, não os podem pôr em perigo; ao contrário, devem ajeitar-se a eles de maneira aceitável. No primeiro caso, usando uma terminologia proposta por Viehweg,[14] temos uma questão de pesquisa ou questão zetética; no segundo, uma questão dogmática. Entre elas, não há uma separação radical: ao contrário, elas se entremeiam, referem-se mutuamente, às vezes se opõem, outras vezes colocam-se paralelamente, estabelecendo um corpo de possibilidades bastante diversificado.

---

[14] Cf. Viehweg, cit., p. 85. A distinção remonta a Quintiliano: Instituto oratoria, edição bilingue da Harvard University Press, 2001, Liber Tertius, 5.

90 Função Social da Dogmática Jurídica • Ferraz Jr.

As questões dogmáticas relevam o ato de opinar e ressalvam certas opiniões – *dokein*; as questões zetéticas, ao contrário, desintegram, dissolvem meras opiniões – *zetein* – pondo-as em dúvida, o que pode ocorrer ainda dentro de certos limites, na perspectiva empírica das ciências – Sociologia, Psicologia, Antropologia Jurídicas etc. – ou de modo a ultrapassar aqueles limites – por exemplo: na perspectiva da Filosofia do Direito.

As questões dogmáticas são tipicamente tecnológicas. Nesse sentido, elas têm uma função diretiva explícita, pois a situação nelas captada é configurada como um dever-ser. Questões desse tipo visam a possibilitar uma decisão e a orientar a ação. De modo geral, as questões propriamente jurídicas da Dogmática Jurídica são do primeiro tipo, sendo sempre restritivas, finitas e, nesse sentido, positivistas – de positividade e não de positivismo. No entanto, as questões da Dogmática não se reduzem a estas, na medida em que as opiniões postas fora de dúvida – os dogmas – podem também ser submetidas a um processo (zetético) de questionamento através do qual se exige uma fundamentação e uma justificação deles, procurando-se através do estabelecimento de novas conexões facilitar e orientar a ação. O jurista revela-se, assim, não só como um especialista em questões dogmáticas mas, também, em questões zetéticas.

Na verdade, os dois tipos de questão, na Dogmática Jurídica, embora separados pela *análise,* estão em correlação funcional. Apesar disso, é preciso reconhecer que os juristas, há mais de um século, tendem a atribuir maior importância às questões dogmáticas que às zetéticas. Estas últimas são mais livres, mais abertas e, por isso mesmo, muitas vezes dispensáveis, pois a pesquisa pode trocar com facilidade seus conceitos hipotéticos, enquanto a dogmática, presa a conceitos fixados, obriga-se muito mais ao trabalho de interpretação. Mesmo assim, não é difícil mostrar com certa facilidade que as questões dogmáticas não se estruturam em razão de uma opinião qualquer, mas de um dogma que deve ser de algum modo legitimado.

Ora, no mundo ocidental, onde esta legitimação vem perdendo a simplicidade que se revelava na sua referência a valores outrora fixados pela fé ou pela razão ou pela natureza, o recurso a questões zetéticas torna-se inevitável. Viehweg[15] assinala, por exemplo, o que ocorre na Dogmática Penal, notando quão pouco é ainda aceitável como conhecido neste campo pela pesquisa criminológica, e qual o esforço desenvolvido pela Dogmática em fornecer pressupostos convincentes, simplesmente para manter-se em funcionamento. Essa dificuldade não consegue ser eliminada nem por uma exclusão radical das questões zetéticas, como querem normativistas tipo Kelsen, nem pela redução das questões dogmáticas às questões zetéticas, como desejam os adeptos do sociologismo e do psicologismo jurídicos, nem, ainda, por uma espécie de dogmatização das questões zetéticas, como ocorreria em países onde dominava o marxismo-leninista.

Nesses termos, as distinções estabelecidas por necessidade de análise entre questões zetéticas e dogmáticas mostram, na *praxis* da Dogmática Jurídica, uma certa transição – poderíamos dizer – entre o ser e o dever-ser. Nesse sentido, certamente, podemos entender a posição de Miguel Reale em *O direito como experiência,*[16] quando diz que à Dogmática

---

[15] Cf. Viehweg, Systemprobleme in Recht sdogmatik und Rechtsforschung. In: *System und Klassifikation in Wissenschaft und Dokumentation*, ed. A. Diemer, Meisenheim/Glan, 1968, p. 96 ss.

[16] Miguel Reale, *O direito como experiência*, cit., p. 130 ss.

Jurídica interessa o momento nomogenético, por suas implicações com o ato interpretativo, mas não como seu problema próprio. Ela colhe, por assim dizer, a experiência jurídica após declarada e posta a norma na complexidade do ordenamento. A Dogmática Jurídica corresponde, neste sentido, ao momento em que a experiência jurídica se põe como efetivo sistema jurídico. Enquanto, por conseguinte, o fato social se subordina a esquemas ou modelos normativos em função de valorações já positivadas no todo do ordenamento. Nesses termos, ela é considerada por Reale como a Teoria do Direito como ordenamento *in acto*.

Nesse contexto, a Dogmática Jurídica não se exaure na tarefa – embora relevantíssima e decisiva – de interpretação, construção e sistematização dos modelos jurídicos, numa análise de todos os processos que integram a técnica jurídica, pois implica e pressupõe a determinação de seus princípios constitutivos na condicionalidade do ordenamento vigente. Tudo, aliás, sem perda de contato com os pressupostos transcendentais ou filosóficos da experiência jurídica. Portanto, quando dizemos que a Dogmática Jurídica é um pensamento tecnológico, não devemos confundi-la com a atividade jurisdicional de modo amplo – o trabalho de advogados, juízes, promotores, pareceristas – num sentido de técnica jurídica. A técnica é um dado importante, mas não é a própria Dogmática.

2 O princípio da inegabilidade dos pontos de partida

A predominância das questões dogmáticas sobre as zetéticas é que nos induz, talvez, a essa confusão. Isso porque as primeiras, sendo questões fechadas, põem-se a serviço da ação e da decisão, enquanto as segundas, sendo abertas, põem-se a serviço da especulação, podendo, inclusive, atrapalhar a ação e a decisão pelo levantamento contínuo e progressivo de dúvidas sequenciais.

Neste sentido é preciso reconhecer que a Dogmática Jurídica, em que pese o seu contato com os pressupostos zetéticos da experiência jurídica, tem por característica principal o *princípio da proibição da negação*, ou seja, o princípio da inegabilidade dos pontos de partida de suas séries argumentativas. Isso não quer dizer que essas séries constituam uma unidade porque partem dos dogmas, o que pressuporia que estes já fossem dados na forma de um sistema coerente. Ao contrário, o pensamento dogmático guarda sua unidade pela referência ao problema da decidibilidade, que é sua questão fundamental. Só assim é possível entender que essa forma de pensar típica do jurista se caracterize, ao mesmo tempo, tanto pela interrupção da crítica e pela vinculação a dogmas quanto pela determinação de seus próprios princípios constitutivos.

Ligando a Dogmática à questão da decidibilidade, entendemos também uma das suas mais importantes funções: o modo como ela propicia uma certa flexibilidade na exploração de textos e de experiências. Não há dúvida de que, embora, à primeira vista, a impressão seja a oposta, a sua máxima função não está na fixação do estabelecido, mas na possibilidade de distância crítica na organização de considerações, fundamentos, relações, com os quais o material normativo, sobretudo, se torna controlável e aplicável, para além do seu caráter de dado do qual se parte. Ou seja, se de um lado sabemos que, socialmente, dogmas existem e são condição de interação humana em sociedade,[17] de outro, o problema é, então, determinar em que grau de abstração esses dogmas são e devem ser colocados para que possam atuar convenientemente, para que em vez de condições não se tornem impedimento da interação. Essa tarefa é incumbência da Dogmática.

Sua função, como nos diz Luhmann,[18] não *consiste*, assim, no princípio da inegabilidade dos pontos de partida, mas apenas *depende* dele. Pode-se afirmar, por isso, e, provavelmente, contra a visão do senso comum, que a Dogmática não representa uma prisão para o espírito mas, ao contrário, um aumento de liberdade no trato com textos e experiências vinculantes. Isso porque, através de sua conceptualidade abstrata, a Dogmática possibilita uma certa distância justamente nos casos em que a sociedade espera uma vinculação. Isso acontece na medida em que ela se vincula a pontos estabelecidos – os dogmas – mas sobre os quais ela ganha uma disponibilidade conceitual. Ou seja, a Dogmática não se exaure na interpretação do estabelecido, mas interpreta a sua própria vinculação, ao mostrar que o vinculante sempre exige interpretação. Desse modo, de maneira até um pouco paradoxal, podemos dizer que a Dogmática deriva da vinculação a sua própria liberdade.

Além disso, isto nos permite perceber que, embora o pensamento dogmático dependa de pontos de partida inegáveis, no fundo ele trabalha com *incertezas*, justamente aquelas incertezas que, na sociedade, foram aparentemente

---

[17] Cf. Watzlawick, Beavin e Jackson, *Pragmática da comunicação humana*. São Paulo, 1973, p. 107 ss., esp. p. 117.

[18] Cf. Niklas Luhmann, *Rechtssystem und Rechtsdogmatik*. Stuttgart, Berlin, Köln, Mainz, 1974, p. 15 ss.

eliminadas pelos dogmas mas que a Dogmática retoma *de modo controlado*, aumentando-as a um grau de suportabilidade social tendo em vista a decidibilidade de conflitos. Por exemplo, se a nova Lei das Sociedades Anônimas pretende eliminar incertezas quanto à proteção das minorias, exigindo vinculação, à Dogmática Comercial incumbe mostrar que o problema envolve incertezas ainda maiores que rompem o sentido estreito do dogma que deverá, então, prever o que não previu, dizer o que não disse, regular o que não regulou.

Em vista disso, não é por acaso que o estudante de Direito, que principia sua formação, se surpreende com o número de teorias que um texto legal pode sugerir ao ser interpretado, o que lhe dá, quando ainda não domina as técnicas dogmáticas, a impressão de estar tratando com meras opiniões, o que o anima a construir ingenuamente a sua própria interpretação. Na realidade, essa visão é falsa, como ele logo aprende, quando percebe que as incertezas estão referidas às incertezas da interpretação dogmática, onde elas se tornam mais amplas, mas, ao mesmo tempo, controláveis.

Com o termo *controlável* queremos significar que a Dogmática Jurídica aumenta as incertezas, mas de tal modo que elas sejam compatíveis com duas exigências centrais do sistema jurídico: a vinculação a normas e a pressão para decidir em caso de um conflito dado.[19] Isso pode nos fazer crer que a Dogmática se estabelece como um instrumento mediador entre a generalidade das normas e a singularidade dos casos concretos. Uma tal mediação, contudo, que é fenômeno comum a muitas sociedades, senão a todas, não explica o aparecimento da Dogmática como algo socialmente indispensá-

---

[19] Sobre essas duas exigências, cf. Otmar Balweg, *Rechtswissenschaft und Jurisprudenz*. Basel, 1970, p. 108 ss.

vel. Embora toda sociedade se estruture através de normas que são aplicadas aos conflitos concretos, nem toda sociedade produz uma Dogmática Jurídica. O seu aparecimento, com funções específicas, só ocorre em sociedades cujo grau de complexidade permite uma diferenciação e delimitação do sistema jurídico, como distinto dos demais (sistema político, econômico, religioso etc.). Além disso, pressupõe também uma organização interna em que exista a possibilidade de se decidir de modo vinculante sobre questões jurídicas em oposição a questões de fato. Garantida essa possibilidade,[20] o problema da aplicação toma uma configuração ligeiramente diferente: em vez de se colocar na relação direta norma/caso concreto, ele se põe na relação norma como premissa de decisão e tomada de decisão. Com esta fórmula fica claro que o sistema jurídico se distancia dos fatos, ganhando condições de maior controle. Inserindo a tomada de decisão como um problema entre a norma e o caso, o Direito consegue fazer com que sejam fatos só aqueles que ele próprio reconhece como juridicamente relevantes.

Observamos, nesse sentido, que a Dogmática surge, na relação de aplicação, quando os seus dois polos adquirem um caráter contingente. De um lado, em termos de tomada de decisão, os casos podem ou não existir, podem ser interpretados de um modo ou de outro. E de outro, com o fenômeno da positivação, as próprias normas podem ser postas desta ou daquela maneira. Ora, quando ambos os polos da relação ficam contingentes, a própria relação de aplicação se torna contingente, pois ficamos obrigados a reconhecer que não há só uma, mas várias possibilidades de se aplicar o Direito. Surge daí a necessidade socialmente fundada de um instrumento estabilizador dessa dupla contingência, na for-

---

[20] Cf. Luhmann, cit., p. 17.

ma de critérios de relacionamento da relação de aplicação. Esse instrumento é a Dogmática Jurídica.

Sua função social, neste sentido,[21] está na limitação das possibilidades de variação na relação de aplicação, quando seus dois polos se tornaram contingentes. Observa-se, assim, que a Dogmática não é um simples eixo de mediação entre normas e fatos nem se resume no desenvolvimento de técnicas de subsunção do fato à norma, como chegaram a dizer os representantes da Jurisprudência dos Conceitos e da Escola da Exegese. Sua função repousa, outrossim, no controle de consistência de decisões tendo em vista outras decisões; em outras palavras, no controle de consistência da decidibilidade, sendo, então, a partir dela que se torna viável definir as condições do juridicamente possível.[22]

3 A viabilização das condições do juridicamente possível

Ao criar critérios para o relacionamento das relações de aplicação do Direito, a Dogmática nos permite chegar ao ju-

---

[21] Cf. Luhmann, cit., p. 19.

[22] Cf. Karl Engisch, *La idea de concreción en el derecho y en la ciencia jurídica actuales*. Trad. J. G. Gil Cremades. Pamplona, 1968, p. 211 ss. Ver também François Gény, *Método de Interpretación y fuentes en derecho privado positivo*. Madrid, 1925, p. 676 ss. Ver ainda Josef Esser, *Vorverständnis und Methodenwahl in der Rechtsfindung*, Frankfurt/M., 1972, p. 90 ss.; Norberto Bobbio, *Teoria dell'ordinamento giuridico*. Torino, 1960, p. 24. Essa presença da Dogmática é notória sobretudo no Direito Internacional, onde existem dificuldades na sua sistematização, caso em que a descentralização do poder político acaba por conferir ao jurista uma responsabilidade e um peso maior. Ver Paul Reuter, Principes de droit international publique. In: *Recueil de Cours de l'Académie de Droit Intemational de la Haye*, v. 103, 1961, p. 459.

ridicamente possível. Para entender essa função em termos sociais, é preciso localizá-la dentro da própria sociedade. Isso nos obriga a uma rápida menção de alguns termos sociológicos básicos.

Para a tradição clássica da filosofia social e jurídica, a sociedade sempre foi vista, em geral, como a união dos homens concretos, donde a expressão *corpo social*. Enquanto conjunto de seres humanos, a sociedade era considerada um corpo social *entre* outros corpos sociais. Daí a distinção entre os que pertencem e os que não pertencem ao corpo social, bem como a ligação dos limites da sociedade a fatores como a pertinência ao clã ou a fronteiras territoriais.[23]

A Sociologia mais recente rompe, porém, com esse postulado.[24] A sociedade, vista, então, como um sistema estruturado de ações significativamente relacionadas, não inclui, mas exclui do sistema social o homem concreto que passa, analiticamente, a fazer parte do seu mundo circundante. Ou seja, a conexão de sentido que liga as ações do sistema social não coincide com a conexão de sentido das ações do ser humano concreto. Homem concreto e sociedade são, um para o outro, mundo circundante, sendo, um para o outro, complexo e contingente. O homem é para a sociedade e esta para aquele um problema a resolver. Apesar disso, ambos são de tal modo estruturados que possam coexistir.

---

[23] Para um panorama dessa concepção, ver Helmut Schoek, D*ie Soziologie und die Gesellschaften*: Problemsicht und Problemlösung vom Begin bis zur Gegenwart, Freiburg-München, 1964.

[24] Cf. Luhmann, *Rechtssoziologie*, cit., v. I, p. 134. Esta é a concepção de Talcott Parsons, *The social system*, Glencoe-Hill, 1951. Ver Hélio Jaguaribe, *Sociedad, cambio y sistema político*. Buenos Aires, 1972, p. 22 ss.

Esta hipótese, em que a sociedade é aquele sistema social cuja estrutura regula as reduções últimas e fundamentais de uma complexidade indeterminada de indivíduos num conjunto ainda complexo de interações, porém, mais "domesticado", muda a concepção da relação entre Direito e sociedade. Se o homem concreto *precisa* da sociedade para viver, isso não quer dizer que ele faça *parte* dela. Segue-se daí que a juridicidade das relações inter-humanas não pode ser deduzida da natureza humana. O Direito é visto, então, como *uma* estrutura que define os limites e as interações da sociedade. Mas não é a única, havendo ao seu lado outras, como as cognitivas, as estéticas etc. Como estrutura, porém, ele é indispensável, por possibilitar uma estabilização de expectativas nas interações, congruentemente generalizadas. Sem essa generalização congruente não poderiam os homens orientar-se mutuamente, não podendo esperar suas próprias expectativas.[25] Que significa isso?

Admitamos que todo ser humano tem um comportamento. Definamos comportamento com um "estar em situação". Quem está em situação transmite mensagens, quer queira quer não queira. Comportar-se é estar em situação com os outros, os endereçados das mensagens. Estes também estão em situação. Donde comportar-se é, na realidade, a troca de mensagens. Essa troca de mensagens é que é o elemento do sistema social propriamente dito, a interação.

Comportar-se, portanto, é trocar mensagens e, neste sentido, comunicar-se. Ora, tanto o comportamento quanto a comunicação não têm contrários. Todo homem, sendo um ser em situação, se comporta e se comunica. Trata-se, pois,

---

[25] Cf. Edwin M. Schur, *Law and society*: a sociological view. New York, 1968, p. 107 ss.

de um dado irrecusável, ponto de partida de qualquer concepção do social.[26]

Assumindo-se esse postulado, observamos, em seguida, que a comunicação humana ocorre em dois níveis básicos: o aspecto relação (ou cometimento) e o aspecto conteúdo (ou relato). O aspecto conteúdo é a mensagem *que emanamos*, aquilo que, em geral, transmitimos verbalmente. O aspecto relação é a mensagem *que emana de nós*, correspondendo à determinação das posições ocupadas pelos agentes da interação, tendo em vista o conteúdo transmitido, e que se manifesta, em geral, de modo não verbal, pelo tom de voz, pela expressão facial, pelo vestuário, pelo *status* etc.[27]

Como o comportamento é interacional, podemos imaginar que, ao trocar mensagens, o emissor espera do receptor certas respostas, agindo o receptor da mesma forma em relação ao emissor. Dizemos que, ao comportar-se, ambos têm uma expectativa de comportamento um do outro e dos seus próprios. Isso gera uma situação cuja complexidade pode alcançar graus inimagináveis, conforme o esquema:

"A" se coloca perante "B" (cometimento e relato).

"A" tem expectativas da reação de "B".

"B" tem expectativas da reação de "A".

---

[26] Cf. Watslawick, Beavin e Jackson, cit., p. 44 ss. Nesse sentido, observa Werner Levi, "o Direito, mesmo quando falha como instrumento de controle do comportamento, é indispensável como meio de comunicação social, sendo uma linguagem que pode ser usada e apreendida, independentemente da diversidade cultural" – *Law and Politics in the International Society*. Beverly Hills-London, 1976, p. 145-146.

[27] Cf. Watslawick, Beavin e Jackson, cit., p. 47 ss. Ver também Erving Goffmann. *La presentación de la persona en la vida cotidiana*. Buenos Aires, 1972, p. 14 ss.

"A" tem expectativas sobre as expectativas que "B" tem dele.

"B" tem expectativas sobre as expectativas que "A" tem dele etc.

Ora, o conjunto instável dessas relações de expectativas em que, além disso, os conteúdos das mensagens nem sempre estão adequados aos cometimentos e vice-versa, nos dá uma imagem da complexidade das situações em que vive o ser humano, complexidade definida como possibilidades de expectativas (e de interações correspondentes) em número superior às expectativas que podem ser realizadas.

Assim, como as situações comportamentais são complexas, o ser humano, ao interagir, tem de *selecionar* expectativas e possibilidades de interação, apegando-se, em geral, àquelas que têm mais chance de não serem desiludidas (*seletividade* do comportamento).

Ora, quando essa seleção é feita, sabe-se que se trata, em geral, de uma escolha entre as mais prováveis, isto é, sabe-se que, apesar da seleção, esta pode não se confirmar, por terem-se escolhido expectativas que são desiludidas (*contingência* da seletividade).[28] Por isso, para sobreviver, o homem tem que desenvolver mecanismos que garantam, num certo grau de confiança, as expectativas dos outros, as próprias e as seleções de expectativas que ambos fazem. Conviver, assim, é assegurar-se contra desilusões.[29] Esses mecanismos são estruturas que reduzem a complexidade,

---

[28] Para os conceitos de complexidade, seletividade e contingência, cf. Niklas Luhmann, *Rechtssoziologie*, cit., v. I, p. 31 ss.

[29] Cf. Goffmann, cit., p. 21.

instaurando-se, assim, os sistemas sociais onde, então, as interações se tornam dinamicamente estáveis.

Trata-se, pois, de um controle de seletividade, uma espécie de dupla seletividade, de uma seletividade fortalecida contra desilusões. Por seu intermédio, torna-se possível o encontro da seletividade de alguém com a seletividade do outro, de tal modo que as possibilidades de ação de um passam a ser também as de outros. Em outras palavras, a dupla contingência do mundo social exige a construção de novas estruturas de expectativas estabilizadas em termos de expectativas de expectativas. O comportamento social, em termos de vivência e ação, tem, pois, dupla relevância: a dimensão da expectativa imediata de comportamento e a dimensão da avaliação do que significa o próprio comportamento para a expectativa do outro.[30] Na integração dessas dimensões é que se coloca o problema sociológico do Direito.

Os sistemas sociais são, em suma, reduções garantidas de complexidade. Essa garantia é dada pela dupla seletividade. Vamos denominar a situação instaurada pela dupla seletividade de estrutura de um sistema.[31] Na comunicação humana, o emissor, ao transmitir mensagens, realiza uma seleção de possibilidades que o receptor recebe não como seleção mas como um fato, isto é, como premissa para sua própria seleção. Isso, de certo modo, alivia o receptor que pode deixar de lado a complexidade primária ou, pelo menos, encará-la em confronto com uma seleção já feita. É justamente esse alívio que é potenciado pela estrutura, na medida em que

---

[30] Ver, embora num outro contexto, J. G. March e H. A. Simon, *Teoria das organizações*. Trad. H. Wahrlich. Rio de Janeiro, 1970, p. 160 ss.

[31] Essa colocação, resumida nas páginas que se seguem, é de Luhmann, *Rechtssoziologie*, cit., v. I, p. 40 ss.

ela relaciona uma seleção a outra seleção. Por exemplo, "A" seleciona "exigir uma multa contratual". "B" pode ou não aceitar a exigência, mas já parte do fato de que a exigência é uma expectativa de "A". Normas que regulam a elaboração de um contrato potenciam, por sua vez, a expectativa de "A" (ou de "B"). As estruturas nascem, portanto, num processo de interações, a partir das presunções comuns (primeira seleção), que vão permitir novas seleções (seleção potenciada).

Toda estrutura, nesses termos, ao assegurar um estreito campo de possibilidades como esperáveis, no fundo nos ilude a respeito da real complexidade do mundo circundante (donde a possibilidade das desilusões e o caráter contingente de qualquer sistema social). O que as estruturas permitem, portanto, é, na verdade, uma transformação do problema da permanente complexidade do mundo num problema de como enfrentar eventuais desilusões: psicologicamente, as estruturas regulam a angústia.

Se quisermos classificar as complexidades a serem reduzidas, podemos dizer que estas são, primeiramente, de natureza temporal. Como a vida humana está sujeita à passagem do tempo, é um dado irrecusável o fato de que nossas expectativas estão sendo continuamente desiludidas. O que esperamos hoje pode não ser esperado amanhã, uma expectativa confirmada agora pode ser desiludida em seguida. Assim, como a simples passagem do tempo desilude expectativas, é preciso dar a elas uma certa duração. Isso é obtido através dos seguintes instrumentos:

> (1º) diante de desilusões, reagimos no sentido de que nos adaptamos a elas, modificando, no que for necessário, a expectativa anterior; ou

(2º) reagimos no sentido de não aprender com a desilusão, permanecendo em protesto contra ela. No primeiro caso temos expectativas cognitivas; no segundo, expectativas normativas.[32] Aquelas são as que tendem a ver na expectativa do emissor a falha da qual resultou a desilusão, donde a tendência para adaptar-se. Elas se manifestam, por exemplo, através das leis científicas. As segundas tendem a ver na reação desiludidora do receptor e não no emissor a falha da qual resulta a desilusão, donde a tendência em não adaptar--se; admitem-se as reações desiludidoras como um fato, mas estes são considerados irrelevantes para a expectativa do emissor. Por exemplo, contra a expectativa de cumprimento do contrato, o receptor não paga, o que é visto como um fato que, em princípio, não altera a expectativa de que o pagamento é exigível. As expectativas normativas manifestam-se através de normas.

Normas manifestam expectativas estabilizadas de modo contrafático, isto é, sua validade independe do seu cumprimento ou descumprimento. Elas não são descrições ou indicações da regularidade do comportamento. São instrumentos de controle da contingência temporal das expectativas sociais.[33]

---

[32] Cf. Luhmann, *Rechtssoziologie*, cit., v. I, p. 42.

[33] Para uma análise da norma como instrumento de controle das interações sociais, ver Tercio Sampaio Ferraz Jr., *Teoria da norma jurídica*: ensaio de pragmática da comunicação normativa. Rio de Janeiro, 1978. Ver também Peter Mallinowski e Ulrich Münch, *Soziale Kontrolle*, Neuwied e Darmstadt, 1975, p. 60 ss. Ver ainda Talcott Parsons, Recht und soziale Kontrolle. In:

A presença das normas como mecanismo estabilizador gera, entretanto, uma segunda complexidade. Como as expectativas normativas de uma sociedade são, elas próprias, complexas, isso significa que nem todas as normas têm a mesma chance de serem confirmadas. Podemos imaginar que, se a cada expectativa normativa corresponde uma norma, o mais provável será o conflito entre normas ou o conflito entre projeções normativas, donde a necessidade de um segundo mecanismo capaz de regular essa complexidade. Tal conflito, que é entendido como o fenômeno da superprodução normativa, entreabre a possibilidade de que, entre normas diferentes e até opostas, algumas deverão ser desiludidas.

Até agora, nosso esquema de análise de comportamento foi didático – relação entre emissor e receptor. O problema dessa complexidade gerada pela superprodução normativa, e que pode ser denominada de complexidade social, nos leva a considerar os terceiros, isto é, aqueles que, embora não participem da relação a dois, pois têm outros interesses, podem ser chamados a participar.

Vimos que a vivência normativa, por si, não repousa na segurança do preenchimento da expectativa, mas na da sua manutenção. Por isso, cada sociedade tem de variar suas expectativas normativas conforme a complexidade. Isso torna comum o caso de conflitos de projeções normativas. Mesmo porque a superprodução vai pressupor que a norma de um corresponderá à desilusão do outro. O conflito de expectativas normativas não é um desvio funcional, mas a regra. A

Studien und Materialien zur Rechtssoziologie, ed. por Ernst Hirsch e Manfred Rehbinder. 2. ed. Opladen, sem data, p. 121 ss.; Giuseppe Lumia, *Lineamenti di teoria e ideologia del diritto.* Milano, 1973, p. 6 ss.

106 Função Social da Dogmática Jurídica • Ferraz Jr.

vida social, portanto, tem de se haver com esse problema e encontrar meios para regulá-lo. Não se pode, evidentemente, carregar em demasia a vivência normativa com desilusões, sob pena de o sistema não suportar a carga. Expectativas normativas têm de estar dirigidas para ter sucesso. Para isso, desenvolvem-se mecanismos que serão denominados, no seu conjunto, de institucionalização de expectativas de comportamento. Trata-se de um processo em que expectativas podem ser apoiadas sobre expectativas de expectativas supostas de terceiros.[34]

A palavra *instituição*, para juristas como Santi Romano e Hauriou, geralmente é entendida como complexo de normas cuja conexão interna constitui elemento de interpretação e até mesmo fonte de Direito.[35] Para os sociólogos, instituição costuma significar preenchimento de necessidades antropológicas básicas, que apenas podem ser satisfeitas nas relações sociais. Parsons[36] define o conceito como exigência específica de assegurar expectativas complementares através da interpenetração de aspectos culturais, sociais e pessoais

---

[34] Luhmann, *Rechtssoziologie*, cit., v. I, p. 64 ss.

[35] Para Maurice Hauriou, as instituições são uma ideia de obra ou empresa que se realiza e dura juridicamente num meio social; elas engendram as regras de Direito, graças ao poder de governo que contêm. Cf. *La teoria de la institución y de la fundación* (trad. A. E. Sampay). Buenos Aires, 1968, p. 36 ss. Ver também Santi Romano, *L'ordinamento giuridico*, Florença, 1962. Santi Romano entende instituição como corpo ou ente social, assim em *Princípios de direito constitucional geral*. Trad. por Maria Helena Diniz. São Paulo, 1977, p. 61, sendo, pois, uma unidade firme e permanente, objetiva e concreta, dotada de organização ou estrutura. Sobre o problema do Direito como instituição, ver Goffredo Telles Jr., *A criação do direito*. São Paulo, 1953, v. 11, p. 429 ss.

[36] Cf. *The social system*, cit., p. 36 ss.

do sistema de ação, usando, assim, a expressão *institucionalização* como um procedimento cujo objeto são os modelos normativos de comportamento.

Colocamos o problema da institucionalização como uma complicação do modelo didático, no qual, então, deverá aparecer um terceiro. Essa noção de institucionalização, que se encontra em Luhmann,[37] inicialmente nos mostra que o *terceiro*, ao contrário dos anteriores, não é um papel, mas uma situação permanente. Qualquer partícipe social é, ao mesmo tempo, expectante, expectado e *terceiro*. *Terceiro* é alguém que se ocupa de outras coisas, mas que também pode ser conquistado para ocupar-se de uma outra coisa. Portanto, alguém que pode ser conquistado para conviver. Ser conquistado, porque a atenção do *terceiro* nem sempre é dada – é escassa –, donde a proximidade entre Direito e escândalo, Direito e publicidade, bem como a vantagem de se estabelecerem papéis para o *terceiro* sem o incômodo de se ter, a toda a hora, de lhe chamar a atenção.[38]

Junto com esse problema da escassez de atenção, coloca-se igualmente o problema de se justificar a validade das normas pelo consenso, tese comum entre juristas e sociólogos. Consenso substitui as fórmulas de validação do antigo Direito Natural. No entanto, essa tese precisa ser revista. Que significa o consenso como fato empírico? Ligado à questão da atenção, é possível até dizer que o consenso obtido pode diminuir e esgotar rapidamente o potencial para a atenção de terceiros, que, em qualquer sociedade, é sempre

---

[37] Ver *Rechtssozioogie*, cit., v. I, p. 64 ss.

[38] São os terceiros institucionalizados como o juiz, a polícia, o deputado etc.

108 Função Social da Dogmática Jurídica • Ferraz Jr.

escasso. Ligando-se assim o problema do consenso à questão da escassez de atenção de terceiros, podemos dizer que a função das instituições não está na obtenção do consenso de fato, mas na economia do consenso. A questão não está na produção do consenso, mas na poupança que, via de regra, é atingida através de uma antecipação do consenso na expectativa de expectativa, que passa a ser um suposto e não precisa mais ser questionada concretamente em cada caso. Justamente isso é que se obtém pela institucionalização, ou seja, a possibilidade de supor consenso. Observa-se, assim, a possibilidade de se determinar a origem do consenso na capacidade social limitada para a atenção. Na comunicação humana, o pressuposto é de uma regra que permite a qualquer receptor pôr em questão as mensagens do emissor.[39] Mas, na prática, isso é impossível, pois nos conduz a uma situação de eterno conflito. Nesse sentido, muitas vezes obtém-se, ao contrário, uma situação de engajamento pelo silêncio. Em princípio, isso se baseia no mecanismo de seleção das projeções normativas. Esse engajamento, contudo, não elimina as possibilidades de outras projeções. Como consequência, a institucionalização tem por função uma pretensa distribuição dos encargos de comportamento e dos riscos, o que dá a certas projeções normativas melhores chances do que a outras. Quem tem expectativas normativas contra a instituição tem o peso de uma presumida evidência contra si. Em outras palavras, ele tende a arriscar suas iniciativas e a desdobrar-se em justificações, pois suas expectativas aparecem como inesperadas. Ele tende a enfrentar expectativas preestabelecidas como um problema, precisando conquistar

---

[39] Ver Tercio Sampaio Ferraz Jr., *Direito, retórica e comunicação*. São Paulo, 1973, 1ª parte.

a posição de centro das atenções, não lhe bastando o engajamento pelo silêncio.

Além disso, o comportamento desviante contra a instituição expõe o contraventor, o que lhe traz certa insegurança. As instituições repousam, pois, não sobre acordos táticos de um certo número de manifestações opinativas, mas sobre uma superavaliação bem-sucedida. Sua manutenção depende dessa suposição de que com ela todos concordam, ou, ainda, da suposição de que todos suponham que todos concordem. Com isso, elas neutralizam consensos instáveis faticamente, marcando, profundamente, enquanto estruturas de expectativas, o próprio processo de estabilização social.

Sem dúvida, esta explicação a respeito de instituições e do papel da institucionalização permite ver que, se de um lado as instituições não são ideias puras que pairam acima da realidade, de outro sua homogeneidade é visivelmente fictícia e, por isso, muito sensível à comunicação dos fatos. Elas têm um papel muito próximo ao do Direito como simbolismo, no sentido de Arnold, o que esclarece sua permanência como uma espécie de mito, que, se tornado consciente, pode até perder sua força.[40] Isso nos leva a pensar que, quanto mais complexa for a sociedade, menor será a chance de consenso fático, maior a necessidade de ficções institucionais a respeito do consenso, maior a necessidade de política no sentido de técnica capaz de manipular a escassez do consenso. Nesse sentido, no Direito moderno, são importantes as instituições como o *contrato*. Instituição que me permite supor o consenso de terceiros quanto às normas

---

[40] Cf. Thurman W. Arnold, El derecho como simbolismo. In: *Sociología del derecho,* ed. por Wilhelm Aubert. Trad. de Júlio Valério Roberts. Caracas, 1971, p. 47 ss.

110 Função Social da Dogmática Jurídica • Ferraz Jr.

estabelecidas entre as partes, ou a figura do juiz e do judiciário, que, sendo um terceiro institucionalizado, garante para as partes em conflito o consenso anônimo dos demais terceiros etc. Em suma, assim como através de normas damos às expectativas uma duração, independentemente do fato de que elas sejam desiludidas de tempos em tempos, através da institucionalização supomos consenso independentemente do fato de que alguns não estejam de acordo.

Os dois mecanismos anteriores nada nos falam quanto ao conteúdo das expectativas. Normas e instituições podem ter muitos *sentidos*. Existem, pois, também expectativas a respeito de certos conteúdos significativos que, se espera, prevalecerão, quando em conflito. Como controlar essa complexidade real e de sentido?

Isso é feito através de diversos mecanismos que chamaremos de centros ou núcleos significativos.[41] Um desses centros pode localizar-se na *pessoa* concreta. Quando se conhece uma pessoa com quem se interage ou que é terceiro em relação a uma interação, pode-se esperar com certa certeza um conteúdo significativo determinado. Conhecer uma pessoa quer dizer conhecer a sua história, os papéis que ela exerce na sociedade e a consistência desse exercício. Relacionando sentidos divergentes a pessoas, podemos integrá-los coerentemente. Assim, a norma que exige o cumprimento de um contrato e a instituição que garante a prevalência do contrato são também acrescidas da garantia quanto ao sentido do cumprimento porque se sabe quem vai cumpri-lo.

---

[41] Cf. Luhmann, *Rechtssoziologie*, cit., v. I, p. 8 ss. Ver também Jürgen Habermas e Niklas Luhmann, *Theorie der Gesellschaft oder Sozialtechnologie*: was leistet die Systemforschung? Frankfurt, 1971, p. 25 ss.

Isso, evidentemente, é muito limitado. A anonimidade complexa das sociedades exige, por isso, outros núcleos integradores de sentido, mais abstratos e, assim, mais arriscados, como os papéis desempenhados pelas pessoas que não conhecemos. Confiamos que o contrato de execução de uma operação clínica será cumprido porque o parceiro na interação é um médico e não um enfermeiro, isto é, confiamos no papel de médico exercido pela pessoa (o que, porém, não garante uma boa operação, se não conhecemos o médico como pessoa – problema da anonimidade na medicina socializada). Há, ainda, centros significativos mais abstratos, como os valores, entendidos como pontos de vista que expressam uma preferibilidade (abstrata) por certos conteúdos de expectativas, ou melhor, por certos grupos de conteúdos abstratamente integrados. Por exemplo, podemos confiar que, numa interação, a justiça prevalece, ou seja, confiamos que os conteúdos significativamente justos podem ser esperados em oposição aos injustos. Como, entretanto, os valores são centros significativos muito abstratos, socialmente eles tendem a ser ideologizados, sendo as ideologias avaliações de valores que lhes dão um caráter programado e hierárquico, pondo-os como fins racionais da conduta, limitando-lhes a variabilidade semântica.[42]

Essas diferentes formas de ordenar as expectativas quanto ao conteúdo significativo aparecem, em geral, de um modo indiferenciado. Papéis, pessoas, valores, programas

---

[42] Sobre o papel da ideologia, ver René Koenig, Soziologische Anmerkungen zum Thema "Ideologie und Recht". In: *Studien und Materialien zur Rechtssoziologie*, cit., p. 356 ss. Sobre a transformação de valores em fins no Direito, ver Miguel Reale, *Filosofia do direito*. 2 v. São Paulo, 1969, v. I, p. 477 ss.

ideológicos se inter-relacionam. Num conjunto indiferenciado, porém, eles não respondem às necessidades de institucionalização quando a complexidade é muito grande. Daí a possibilidade de que eles sejam separados, o que dá às instituições relativa variabilidade. Quanto mais complexa a sociedade, mais eles se separam funcionalmente; quanto menos, mais eles se agrupam num todo indiferenciado. A separação progressiva, no ocidente, entre moral, religião, Direito, política, economia etc., é uma demonstração disso. Na realidade, o que se observa é que o Direito, em cada sociedade, repousa numa combinatória diferenciada desses núcleos. Por exemplo, nas sociedades industriais, burocratizadas, há uma especialização em função de papéis e programas ideológicos mais do que pessoas e valores que continuam presentes, mas mediatizados pelos anteriores.

Em resumo, podemos dizer que através de normas damos às expectativas duração. Independentemente do fato de que, de tempos em tempos, elas sejam desiludidas; através de institucionalização supomos consenso, independentemente do fato de que alguns não estejam de acordo; através dos centros significativos, garantimos a unidade e conexão de sentido das expectativas, independentemente do fato de que, concretamente, haja diferença entre elas quanto ao conteúdo. Nesses termos, o Direito aparece como uma generalização congruente e dinâmica desses três mecanismos, possibilitando, socialmente, uma imunização simbólica de certas expectativas contra os fatos em termos de que podemos atuar de modo indiferente a eles – indiferença controlada.[43]

O interesse por congruente generalização significa, na dimensão temporal, uma preferência pelo tratamento das

---

[43] Cf. Luhmann, *Rechtssoziologie*, cit., v. I, p. 94 ss.

desilusões através de sanção. Daí sua importância para a compreensão do Direito. Na dimensão social, sabemos que nem todas as possibilidades de institucionalização são juridicamente viáveis. Dentro dela, torna-se necessária uma seleção das generalizações congruentes. Nesse sentido, o Direito está ligado a procedimentos institucionalizáveis, por meio de normas, através das quais as institucionalizações se tornam socialmente viáveis. Finalmente, na dimensão de conteúdo, o Direito exerce sua função seletora, pois nem todos os programas, papéis, valores ou pessoas são juridicizados. O Direito moderno tende a privilegiar programas de ação e papéis. Essa tendência, nas sociedades mais complexas, corresponde ao privilégio dado à sanção formada como modo de tratamento das desilusões ao nível temporal e ao procedimento burocrático como modo de institucionalização ao nível social.

Isto posto, agora podemos entender o Direito como um mecanismo que coordena de modo congruente os mecanismos anteriormente expostos, ou seja: norma, institucionalização e instrumentos identificadores de sentido. O Direito não é só norma, como não é só instituição ou só sentido garantido, mas uma combinatória dos três. Direito é, pois, o nome que damos às expectativas normativas de comportamento generalizadas congruentemente em relação a instituições e a identificações de sentido. Portanto o Direito desenvolve uma congruência seletiva e constitui, assim, uma estrutura dos sistemas sociais. Neste sentido, a função do Direito, como diz Luhmann, está na sua capacidade seletiva, isto é na escolha de expectativas de comportamento que são generalizadas nas três dimensões, escolha esta que, por sua vez, repousa na compatibilidade de certos mecanismos das três dimensões, quais sejam: a dimensão temporal, a dimensão social e a dimensão do conteúdo das expectativas.

A congruência entre os mecanismos de controle de expectativas, contudo, não é um dado; ao contrário, mais comum é a incongruência. Nas sociedades modernas, isso é visível já pelo fato de que nelas há mais expectativas normativas que possibilidades de institucionalização. Mesmo entre as normas jurídicas; muitas delas não podem ser institucionalizadas, ou porque os juízes não as aplicam, ou porque na vida quotidiana não se espera que sejam cumpridas. Por sua vez, sabemos que nem todo valor nos conduz a normas, nem toda norma concretiza integralmente valores. Além disso, se de um lado os valores são relativamente fáceis de se institucionalizar, de outro são muito abstratos para se porem nas normas de modo tecnicamente informativo, uma vez que abarcam muitas possibilidades de comportamento. Por exemplo: o postulado da igualdade racial é passível de institucionalização como valor, mas é mais difícil como norma. Em sociedades de pouca complexidade, essa congruência é obtida, entretanto, em níveis de abstração relativamente baixos. Primariamente, o Direito aparece na desilusão e na reação do desiludido, de modo imediato como uma explosão de ira. Em sociedades de alta complexidade, porém, essa congruência tem de ser veiculada. E é aqui que aparece a função social da Dogmática Jurídica. Ela é, a nosso ver, uma instância instrumental de viabilização do Direito, na medida em que atua como veículo de alta abstração, capaz de proporcionar uma congruência estável entre os mecanismos de controle social, mesmo quando, aparentemente, eles não se afinam. Neste sentido, ela viabiliza as condições do juridicamente possível. A Dogmática não se confunde com o Direito, nem com as expectativas normativas, nem com instituições, nem com valores. Ela os atravessa todos diagonalmente, possibilitando uma identificação do Direito contra as incongruências de fato. Essa função é preenchida de vários modos, como, por exemplo, pelo estabelecimento de princípios para a compreensão da congruência, de guias de ação na aplicação do Direito, na hierarquização das fontes, permitindo, assim, a integração de normas e instituições pela determinação de finalidades programáticas, pela constituição de premissas e postulados da argumentação jurídica – o que conduz à identificação de requisitos razoáveis da ordem jurídica etc.

Esses diversos modos pelos quais a Dogmática exerce sua função, tanto de veicular a congruência quanto de viabilizar as condições do juridicamente possível, devem, agora, ser examinados mais de perto, para que se possa entender como essa função é especificamente cumprida. Isso nos conduz ao exame mais detalhado dos instrumentos dogmáticos, dentre os quais distinguimos os conceitos classificatórios, os hermenêuticos e os decisórios.

3

OS INSTRUMENTOS DOGMÁTICOS E SUA FUNÇÃO

SUMÁRIO: 1 O modelo analítico e suas funções; 2 O modelo hermenêutico e suas funções; 3 O modelo empírico e suas funções

A conceptualidade da Dogmática se estende por uma série de instrumentos, cuja diversidade provoca um certo desamparo sempre que se deseja arrumá-los num quadro ordenado. A fim de investigar sua função social, por isso mesmo, é preciso encontrar um critério de ordenação. Este critério pode ser localizado, a nosso ver, numa reflexão sobre a decidibilidade tomada como problema básico da Dogmática Jurídica. Envolvendo sempre um problema de decidibilidade, a Dogmática Jurídica tem, contudo, por referência central, o próprio ser humano que, pelo seu comportamento, entra em conflito, cria normas para solucioná-lo, decide, renega suas decisões, reforma as normas etc. Para enfrentar esse problema, a Dogmática se articula, a nosso ver, em diferentes modelos. Modelos são aqui entendidos como padrões esquemáticos em dois sentidos: falamos em *objeto-modelo* e *modelo teórico*.[1]

---

[1] Ver Mário Bunge, *Teoria e realidade*. Trad. Gita K. Guinsburg. São Paulo, 1974, p. 13 ss. Ver também Miguel Reale, *O direito como experiência*. São Paulo, 1968, p. 147 ss.

Objeto-modelo é o esquema simbólico que seleciona traços comuns de fenômenos individuais, ostensivamente diferentes, agrupando-os em classes, ou seja, idealizações de objetos-concretos que podem às vezes ser representados graficamente – como é o caso do mapa geográfico. No mundo jurídico, são objetos-modelos as normas jurídicas, as fontes etc. *Modelos teóricos* são, por sua vez, esquemas que se referem aos anteriores, consistindo em sistemas de enunciados logicamente concatenados, impossíveis de configuração gráfica, sempre aproximativos e, portanto, cedo ou tarde superáveis. Como exemplo no Direito, temos as teorias sobre a norma, sobre o direito de ação, sobre as fontes etc.

A Dogmática Jurídica se articula em modelos teóricos referidos a modelos-objetos. Os modelos teóricos do Direito podem, por sua vez, ser agrupados em modelos teóricos abrangentes que qualificam os traços comuns de um tipo de investigação, de metodologia, de preocupação, de modo de encarar a questão da decidibilidade. Atendendo ao desenvolvimento das ciências humanas desde o século XIX,[2] distinguimos pois três modelos básicos, determináveis conforme se encare a decidibilidade em correlação com uma efetiva concepção do ser do homem. Assim, o primeiro modelo, que poderíamos chamar de analítico, encara a decidibilidade como uma relação hipotética entre hipóteses de conflito e hipóteses de decisão; em outras palavras, dado um conflito hipotético e uma decisão hipotética, a questão é determinar suas condições de adequação. Nesse caso, pressupõe-se o homem como o ser dotado de necessidades – comer, vestir-se, morar etc. – e que revela interesses – bens de consumo, políticos etc. – os quais ora estão em relação de com-

---

[2] Ver Michel Foucault, *Les mots et les choses*. Paris, 1966, p. 355 ss.

patibilidade, ora de incompatibilidade, exigindo-se fórmulas capazes de operacionalizá-las. Neste caso, a Dogmática do Direito aparece como uma sistematização de regras para a obtenção de decisões possíveis, o que lhe dá um caráter até certo ponto formalista.

O segundo modelo vê a decidibilidade do ângulo da sua relevância significativa. Trata-se de uma relação entre hipótese de conflito e hipótese de decisão, tendo em vista o seu sentido. Pressupõe-se, neste caso, o homem como um ser que quer dizer alguma coisa com o seu agir, ou seja, seus menores gestos, mesmo os mecanismos involuntários, seus sucessos e fracassos têm um sentido que lhes dá unidade. A Dogmática do Direito, aqui, se assume como uma atividade interpretativa, construindo-se como um sistema teórico compreensivo do comportamento humano. Pelo seu caráter, esse modelo pode ser chamado de hermenêutico.

O terceiro modelo encara a decidibilidade como uma questão de condições empíricas de possibilidade de uma decisão hipotética para um conflito hipotético. Em oposição ao primeiro modelo, as condições não são dedutíveis de regras, mas contracapas da estrutura da situação a partir da qual são, então, generalizadas. O homem aparece, aqui, como um ser dotado de funções, isto é, um ser que se adapta por contínua evolução e transformação às exigências do seu meio ambiente. Segue-se daí um modelo dogmático que se preocupa com as normas de convivência e de decisão de seus conflitos. A norma está encarada, neste caso, como um procedimento decisório, constituindo-se então a teoria jurídica como um sistema explicativo do comportamento humano enquanto controlado por normas. Pelo seu caráter, este modelo pode ser chamado de empírico.

Podemos perceber intuitivamente que os três modelos, os quais na *praxis* da Dogmática Jurídica se entremeiam e se combinam, correspondem aproximadamente a níveis de investigação diferentes relacionados com o modo como eles realizam suas funções. Para entender isso, devemos salientar que, em geral, os modelos teóricos têm as seguintes funções:[3] *previsão,* isto é, criar condições para que se possa passar do registro de certos fatos relevantes para outros fatos eventualmente relevantes, mas para os quais não há registro; *heurística,* isto é, possibilitar a descoberta de algo relevante, criar condições para orientar nossas expectativas do que pode ou deve ser relevante; *organizatória,* isto é, criar condições para a classificação, tipificação e sistematização dos fatos relevantes; *avaliativa,* isto é, propiciar o encontro de indicadores para uma compreensão parcial ou total das relações investigadas.

Ora, os modelos teóricos da Dogmática Jurídica, sendo modelos tecnológicos, acentuam a função heurística em relação à qual as demais são coordenadas. O modo como ocorre essa coordenação permite dizer, então, que o modelo analítico executa sua função heurística privilegiando a função organizatória, o que explica sua preocupação mais sintática na compreensão das questões teóricas do Direito, como a elaboração de sistemas, classificações, busca da natureza jurídica dos institutos etc. Já o modelo hermenêutico privilegia, no exercício de sua função heurística, a função avaliativa, o que explica uma preocupação mais semântica, de busca do sentido dos atos, das normas e das instituições. Por fim, o modelo empírico privilegia a função de previsão, pro-

---

[3]   Ver Karl Deutsch, *Politische Kybernetik*: Modelle und Perspektiven. Trad. de Erwin Haekel. Freiburgim Breisgau, 1969, p. 43.

curando conceber o Direito como um sistema de controle do comportamento, com evidente preocupação pragmática, ligada a uma teoria da decisão jurídica ou do Direito como conjunto de procedimentos decisórios ou dos instrumentos procedimentais das decisões.

Ao privilegiar uma das funções teóricas, cada modelo engloba, como se vê, os demais. O que significa, na realidade, que a Dogmática Jurídica se revela antes como uma arquitetônica de modelos, no sentido aristotélico,[4] ou seja: como uma atividade predominantemente heurística que subordina os modelos entre si, tendo em vista o problema da decidibilidade. Essa arquitetônica, porém, não tem caráter oportunístico, isto é, não se dá ao sabor dos interesses pessoais do teórico, embora isso possa ocorrer, descambando a Dogmática Jurídica para uma espécie de ideologia no sentido marxista do termo. Esta última hipótese ocorre sempre que a função heurística se transforma num fim em si mesmo. A tecnologia pela tecnologia faz do saber heurístico um mero saber técnico, que dança conforme a música dos casos particulares, sendo incapaz de organizar-se segundo as exigências de generalidade e sistematicidade. A mera técnica, que alguns costumam confundir com a Dogmática do Direito e que corresponde à atividade jurisdicional num sentido amplo (o trabalho dos advogados, juízes, promotores, legisladores, pareceristas etc.), é um dado importante, mas não é a própria Dogmática. Esta se constitui, como dissemos, como uma arquitetônica de modelos.

Porém, como a decidibilidade é um problema e não uma solução, uma questão aberta e não um critério fechado, do-

---

[4] Cf. Aristóteles, *Éthique à Nicomaque*. Trad. de J. Tricot. Paris, 1959, I, 1, 1.094 a 10.

minada que está por aporias como a da justiça, da utilidade, da certeza, da legitimidade, da eficiência, da legalidade etc., a arquitetônica jurídica depende do modo como colocamos as questões. Como os problemas se caracterizam por serem ausência de uma solução, abertura para diversas alternativas possíveis, a Dogmática Jurídica se nos parece como um espectro de teorias, às vezes até mesmo incompatíveis, mas que guardam sua unidade no ponto problemático de sua partida. Como essas teorias têm uma dimensão social funcional e uma natureza tecnológica, elas não constituem meras explicações dos fenômenos, mas, na prática, se tornam doutrina, isto é, elas ensinam e dizem o que e como deve ser feito. O agrupamento de doutrinas em corpos mais ou menos homogêneos é que constitui a Dogmática Jurídica. Dogmática, neste sentido, também é um corpo de doutrinas, de teorias que têm sua função básica em *docere*. Ora, é justamente este *docere* que delimita as possibilidades abertas pela questão da decidibilidade, proporcionando um certo "fechamento" no critério de combinação dos modelos. Assim, a arquitetônica jurídica depende do modo como colocamos os problemas, mas esse modo está adstrito ao *docere*. A Dogmática Jurídica coloca problemas para doutrinar. Isso a diferencia de outras formas de abordagem do fenômeno jurídico, como a Sociologia, a Psicologia, a História e a Antropologia, que colocam problemas e constituem modelos cuja intenção é muito mais explicativa.

Enquanto, na colocação dos problemas, a Dogmática do Direito se sente vinculada a uma proposta de solução possível e viável tendo em vista uma decisão, as demais podem inclusive suspender o seu juízo, colocando questões para deixá-las em aberto. A possibilidade de combinatórias que acentuam ora o modelo analítico, ora o hermenêutico, ora o empírico, cria, assim, estilos dogmáticos que preenchem diversas funções sociais.[5] Embora na realidade o jurista se utilize às vezes de mais de um estilo, por necessidade didática, vamos examinar cada um deles separadamente, encarando em sequência primeiro as arquitetônicas de acento analítico, depois as de acento hermenêutico e, por último, as de acento empírico.

1 O modelo analítico e suas funções

Dissemos, anteriormente, que a Dogmática é um veículo para proporcionar uma congruência estável entre os mecanismos de controle social, mesmo quando aparentemente eles não se afinam. Se o Direito é uma generalização congruente desses mecanismos, a Dogmática em sociedades de alta complexidade é o seu veículo. Neste sentido, os conceitos dogmáticos e as doutrinas *não constituem* o sistema do Direito, mas *dirigem-no*. Sua função não é constitutiva, mas regulativa. Se nos é permitido falar por metáforas, o sistema jurídico se assemelha a um automóvel no qual a Dogmática é o volante e o câmbio.

Nas sociedades mais complexas, o sistema jurídico constitui um subsistema diferenciado, dotado de autonomia,

---

[5] Neste sentido nos fala Wieacker de inúmeros modelos da Dogmática Jurídica e de diversos métodos. Cf. Zur praktischen Leistung der Rechtsdogmatik. In: *Festschrift für Gadamer*, Tübingen, 1970, p. 311 ss. Sobre as *funções*, ver Adalbert Podlech, Rechtstheoretische Bedingungen einer Methodenlehre juristischer Dogmatik. In: *Rechtstheorie als Grundlagenwissenschaft der Rechtswissenschaft*, editado por Albert, Luhmann, Maihofer e Weinberger, Düsseldorf, 1972, p. 492 ss. Sobre a função, de um ponto de vista epistemológico, ver Eike von Savigny, Die Rolle der Dogmatik: wissenschaftstheoretisch gesehen. In: *Juristische Dogmatik und Wissenschaftstheorie*, do autor e outros, München, 1976, p. 100 ss.

relacionado com os demais – com o político, o religioso, o econômico etc. – e, por isso mesmo, caracterizado por uma ordem autossubstitutiva, isto é: o Direito só pode ser substituído pelo Direito – e não pela política, pela economia ou pela religião, salvo quando estes se juridicizam. Esse caráter autônomo e diferenciado dá ao Direito a sua sistematicidade que, na medida em que se relaciona numa forma dialética com os demais subsistemas – relacionamento dialético no sentido proposto por Miguel Reale[6] –, é, ela própria, extremamente complexa. Existe, no sistema jurídico, que encadeia normas, instituições, valores e se relaciona com outros subsistemas sociais, uma exigência de unidade dentro da variabilidade que compete à Dogmática regular.

É para o preenchimento dessa função que o pensamento dogmático se organiza na forma de sistematização, classificação, divisão e subdivisão, o que constitui o alvo do modelo analítico. A relação entre unidade e variabilidade é problemática, sendo tratada pela Dogmática na forma de critérios sistematizadores. Neste sentido, dogmatização e sistematização se desenvolveram numa linha comum confirmando-se e estimulando-se mutuamente.[7] Ao sistematizar, a Dogmática Jurídica mantém, nos sistemas sociais complexos, o Direito como um subsistema diferenciado. Este é diferenciado dos demais na medida em que é autônomo, isto é, em que é capaz de impedir que um evento qualquer nos demais sub-

---

[6] Ver a dialética de implicação-polaridade em Miguel Reale, *Filosofia do direito*. 2 v. São Paulo, 1969, em diversas passagens. Ver também, do mesmo autor, *Experiência e cultura*. São Paulo, 1977, p. 83 ss., 137 ss.

[7] Ver Mario Losano, *Sistema e struttura nel diritto*, v. 1, *Dalle origine alla scuola storica*. Turim, 1969, p. 175 ss. Ver também Werner Goldschmidt, *Der Aufbau der juristischen Welt*. Wiesbaden, 1963, p. 317.

sistemas sociais seja um evento dentro dele. Isso é conseguido na medida em que o Direito, como subsistema, regula por si o que deve e o que não deve ser juridicizado, e, sendo juridicizado, o que é jurídico e o que é antijurídico.

Essa autonomia e diferenciação é implementada pela Dogmática na construção de sistemas classificatórios dicotômicos,[8] os quais correspondem a procedimentos analíticos. Entendemos por análise um procedimento que, de um lado, se refere a um processo de decomposição, em que se parte de um todo separando-o e especificando-o nas suas partes. O método analítico é, nesse sentido, um exame discursivo que procede por distinções, classificações, sistematizações. De outro lado, análise significa resolução ou solução regressiva, consistindo em estabelecer uma cadeia de proposições a partir de uma proposição que, por suposição, resolve o problema posto, remontando às condições da solução.[9] O método analítico serve-se de procedimentos lógicos, como a dedução, a indução e, no caso do Direito, sobretudo a analogia.[10]

Para explicar esses procedimentos, vamos reduzi-los genericamente a duas formas básicas: ligação e diferenciação.[11] Ligação é um recurso analítico que se refere ao sentido de

---

[8] Sobre o tema, ver Jürgen Roedig, *Die Denkform der Alternative in der Jurisprudenz*. Berlin, Heidelberg, New York, 1969. Ver também Norberto Bobbio, *Dalla struttura alla fuzione*. Milano, 1977, p. 123 ss.

[9] Ver André Lalande, *Vocabulire téchnique et critique de la philosophie*. Paris, 1960, verbete Analyse.

[10] Ver Karl Larenz, Die Bindung des Richters an das Gesetz als hermeneutisches Problem. In: *Festschrift für Huber*. Göettingen, 1973, p. 307 e 294.

[11] Sobre esses termos, ver C. Perelman e L. Olbrechts-Tyteca, *Traité de l'argumentation*: la nouvelle rhétorique, Bruxelles, 1970, p. 255 ss.

resolução da análise, e consiste na aproximação de elementos distintos, estabelecendo entre eles uma solidariedade, valorizando-os positiva ou negativamente um pelo outro. Assim, por exemplo, na determinação da natureza das pessoas jurídicas, há uma doutrina, a doutrina da ficção – Laurent, Windscheid[12] – que, após reconhecer que só às pessoas físicas como tais é possível atribuírem-se direitos, pois só os homens teriam existência real, atribui também a outras pessoas, de natureza diferente e sem existência psíquica, os mesmos direitos, supondo que elas sejam dotadas de algo parecido com vontade e possibilidade de agir, como é o caso de uma sociedade por ações. Diferenciações, por sua vez, são recursos analíticos que se referem ao sentido de decomposição da análise, consistindo numa ruptura cuja finalidade é desvincular elementos que se manifestam como formando um todo ou, pelo menos, um conjunto solidário. Assim, por exemplo, considera-se crime matar alguém, porém se excluem os casos de legítima defesa. Ligação ou diferenciação não constituem, como se poderia pensar apressadamente, procedimentos isolados, mas apenas isoláveis por abstração, na medida em que se implicam e se completam. Não há ligação sem diferenciação e vice-versa. Assim, ao definirmos parentesco como a relação que vincula entre si pessoas que descendem umas das outras, ou que descendem de um mesmo tronco,[13] criamos uma diferenciação entre parentesco consanguíneo e entre os vínculos, como os por afinidade e o civil, respectivamente, o vínculo entre uma pessoa e os parentes do seu cônjuge e o que decorre da adoção, os quais

---

[12] Cf. Vicente Ráo, *O direito e a vida dos direitos*, 3 v. São Paulo, v. III, p. 238.

[13] Ver Silvio Rodrigues. *Direito civil*. 2. ed. São Paulo, sem data, v. VI, p. 270.

126 Função Social da Dogmática Jurídica • Ferraz Jr.

são de novo ligados em nome de uma técnica que facilita a explicação e a compreensão da matéria.[14]

A elaboração de uma Dogmática Jurídica com uma tendência analítica, nesses moldes, prepondera no caso de sistemas sociais com relativa complexidade, em que o subsistema jurídico é utilizado como um instrumento regulador dos conflitos que lhe são trazidos, sem que seja grande a necessidade de desencadear certos efeitos sobre o seu mundo circundante. O Direito atua sobre a realidade ambiente sem se preocupar com as consequências da sua atuação. Isso significa que as sistematizações são orientadas no sentido de se oferecerem regras para a estandardização e classificação de casos, ou elementos de casos, e não como receitas para a atualização de influências. Predomina, assim, a ótica do juiz, ainda que advogados, por exemplo, possam pretender utilizar-se das construções no sentido da obtenção de resultados, limitando-se, porém, a resultados dentro do próprio sistema jurídico.[15]

Desse modo, a sistematização serve para garantir a capacidade de decisão para cada caso, e não para produção de um efeito na realidade ambiente. Nesses termos, podemos notar que o próprio conceito de norma jurídica se prende, nesse modelo analítico, a abstrações de tipos muito gerais, aos quais se submetem muitos e variados casos que são inclusive aumentados via analogia. Isso é claro numa definição

---

[14] Idem, cit., p. 270, nota 160.

[15] Com isso a Dogmática Analítica provoca uma neutralização dos conflitos ao classificar as situações objetivas. Ver, por exemplo, esse efeito das classificações no Direito Falimentar em José Augusto Brilhante Ustra, *A classificação dos créditos na falência*: o conceito de igualdade na Lei de Falências. Rio de Janeiro, 1976, p. 76 ss.

de Direito que, embora surrada, parece atravessar o tempo, sendo ainda constantemente repetida em manuais pouco elaborados, mas que atingem a consciência média do jurista. Referimo-nos a Jhering, que no seu *Der Zweck im Recht*, de 1877, afirma: "A definição usual de Direito reza: Direito é o conjunto de normas coativas válidas num Estado, e esta definição, a meu ver, atingiu perfeitamente o essencial: os dois fatores que ela inclui são o da norma e o da realização através de coação [...] O conteúdo da norma é um pensamento, uma proposição (proposição jurídica), mas uma proposição de natureza prática, isto é, uma orientação para a ação humana. A norma é, portanto, uma regra conforme a qual devemos nos guiar."[16] Jhering traça, a partir dessa definição genérica, os caracteres distintivos da norma jurídica. Observa, em primeiro lugar, que, em comum com as regras gramaticais, a norma tem o caráter de orientação, delas separando-se, porém, na medida em que visa especificamente à ação humana. Nem por isso elas se reduzem à orientação para a ação humana, como é o caso das máximas de moral, pois a isso se acresce um novo aspecto: seu caráter imperativo. Assim, a norma é, para ele, uma relação entre vontades, sendo um imperativo (positivo, no caso de obrigação, e negativo, no caso de proibição), no sentido de que manifesta o poder de uma vontade mais forte, capaz de impor orientações de comportamento para vontades mais fracas. Relação de império, as normas são interpessoais e não existem como tais na natureza. Conforme se dirija à ação humana num caso concreto, ou a um tipo genérico de ação, as normas constituem imperativos concretos ou abstratos. Jhering conclui que, na sua especificidade, a norma jurídica é um imperativo abstrato dirigido ao agir humano.

---

[16] Jhering, *Der Zweck im Recht*, citado pela 5. ed., 1916, p. 256 ss.

Jhering é um autêntico representante da teoria imperativista da norma.[17] Esta, aqui apenas esboçada, torna possível a colocação de uma série de problemas que constituem objetos centrais da Dogmática Jurídica. Esses problemas estão ligados à determinação da vontade normativa (problema das fontes do Direito), do endereçado da norma (problema do sujeito de Direito) e das diferentes situações em que ele se encontra (Direito Subjetivo, interesse juridicamente protegido etc.), bem como das relações mesmas que se estabelecem entre as vontades (questão das relações jurídicas, dever ou obrigações, poder jurídico etc.). As diversas respostas dadas a essas questões levam a Dogmática Jurídica a constituir-se como uma espécie de analítica das figuras jurídicas, cuja finalidade última seria a proposição de um saber sistemático capaz de dar um quadro coerente e integrado do Direito, como conexão de normas e dos elementos típicos que as compõem. Em termos funcionais, *a constituição desse saber possibilita uma certa neutralização das expectativas sociais em conflito em face de pessoas e situações concretas, permitindo, assim, um controle dos motivos conflitantes sem neles interferir* – conforme, aliás, os postulados de uma ideologia liberal.[18] Isso pode ser observado no que diz respeito à questão das fontes do Direito, cujas teorias constituem, então, um exemplo típico de como a Dogmática traça, pouco a pouco, uma linha divisória entre Direito e realidade, aumentando a diferenciação e a autonomia do subsistema jurídico.[19]

---

[17] Sobre essa teoria, ver Arnaldo Vasconcelos, *Teoria da norma jurídica*. Rio de Janeiro, 1978, p. 55 ss.

[18] Sobre esta relação com a ideologia liberal, cf. Pietro Barcellona, *Diritto privato e processo economico*. Napoli, 1973, p. 53 ss. Ver também Nelson Saldanha, *Legalismo e ciência do direito*. São Paulo, 1977, p. 61 ss.

[19] Neste sentido nos fala Irineu Strenger das qualificações como a gramática do Direito – *Reparação do dano em direito internacional privado*. São Paulo, 1973, p. 66.

Na origem, a questão se funda na consciência de que o Direito não é apenas um dado, mas, também, uma construção, ou seja, não é apenas um dado para a disciplina do comportamento humano, porém uma construção desse mesmo comportamento. Assim, por exemplo, Savigny,[20] no início do século XIX, coloca essa questão tentando distinguir a lei – enquanto um ato de Estado, um dado para o intérprete – do seu sentido, ou, mais precisamente, do seu espírito, que repousa nas convicções comuns de um povo, no espírito do povo. Essa distinção permite-lhe separar o centro emanador, a fonte, dos atos formais de concretização ou realização do Direito, sendo fonte o espírito do povo e o Estado um instrumento de realização. Reafirmando essa dicotomia, o jurista francês François Gény,[21] um século depois, passa a falar em dois tipos básicos de fontes, conforme se encare o Direito como um dado ou como um construído. Em primeiro lugar, temos as fontes substanciais – dados como os elementos materiais – biológicos, psicológicos, fisiológicos – que não são regras, mas contribuem para a formação do Direito. Os dados históricos, representados pela conduta humana no tempo ao produzir certas disciplinações que vão aos poucos sedimentando-se; os racionais, representados pela reflexão da razão humana sobre a própria experiência da vida capaz de formular regras universais para melhor correlação entre meios e fins; e os ideais, representados pelas diferentes aspirações do ser humano formuláveis em postulados ou fórmulas de valor. Em segundo lugar, temos as fontes formais, os elementos construídos, que correspondem à elaboração

---

[20] Savigny, *System des heutigen römischen Rechts*. Berlin, 1840, n° 1, p. 44.

[21] Gény, *Método de interpretación y fuentes en derecho privado positivo*. 2. ed. Madrid, 1925, p. 206 ss., 228 ss.

130 Função Social da Dogmática Jurídica • Ferraz Jr.

técnica dos juristas na sua atividade de manejar e elaborar os dados anteriores, por exemplo, as formas solenes, as regras probatórias de procedimento, que se expressam em leis, leis costumeiras, regulamentos, decretos, sentenças etc.

Com o desenvolvimento das teorias do chamado Direito Público, surge uma nova visão que parte da noção de ato jurídico, enquanto ato que põe o Direito, e que cabe a diferentes centros dotados de poder de fazê-lo, como o Estado, uma sociedade, um particular etc. Na medida em que o Direito emana desses atos, eles passam a ser a sua única fonte, que se diferencia conforme seus centros irradiadores, de sua força de imposição, em leis, regulamentos, contratos, sentenças etc. Com isso, surge a possibilidade de se aglutinarem diferentes tipos de normas, qualificados conforme sua força impositiva, seu âmbito de atuação, sua generalidade, em agrupamentos regionais que apontam para uma ordem maior de natureza hierárquica. Hierarquia é uma relação entre elementos quaisquer, de subordinação vertical, conforme as noções de superior e inferior, e uma relação de coordenação horizontal, conforme o critério da não contradição e compatibilidade, culminando num princípio único que nos dá uma representação de uma ordem unitária. A característica máxima da hierarquia é, pois, subir verticalmente numa relação de subordinação, que vai minguando horizontalmente quanto mais sobe, até desembocar num vértice que sintetiza as partes do conjunto mantendo-as unidas.[22]

Com o fenômeno da positivação do Direito, a que já nos referimos antes, e que se liga ultimamente à visão do ato

---

[22] Cf. Theo Oehlinger, *Der Stufenbau der Rechtsordnung*: rechtstheorestische und ideologische Aspekte, Wien, 1975, p. 9 ss.

jurídico corno fonte única, o modelo hierárquico toma conta do pensamento jurídico, aparecendo aglutinações, inicialmente ainda ligadas a critérios materiais – como a força de coerção, atos jurídicos do Estado no topo, leis, decretos, atos jurisdicionais, sentenças, atos estatutários, regulamentos de sociedades civis, comerciais, atos negociais, contratos – que, então, se tornam estritamente formais, como na famosa pirâmide kelseniana, a qual liga as normas umas às outras, pelo fundamento de validade formal ou vigência.[23]

Através dessa concepção analítica da Dogmática, podemos dizer, então, que a questão da decidibilidade tem um vetor explícito: ela é tratada do sistema *para* o mundo circundante. O importante é saber o que o sistema tem a dizer a propósito das informações que recebe dos demais sistemas sociais. Essa visão unilateral fortalece o próprio sistema jurídico, facilitando sua concepção na forma de um sistema unitário. Domina-se, assim, a complexidade das informações, reduzindo-as a uma unidade. O critério máximo dessa unidade, conforme a tradição, é a justiça, que encarna a perfeição da unidade do sistema. Daí a ideia de que a Dogmática é representação da justiça, estando a seu serviço. Através dela, todas as pretensões do meio ambiente são canalizadas e operacionalizadas pelos instrumentos dogmáticos.

A definição dominante de justiça,[24] abstração feita de suas variações materiais, é dada pelo esquema da igualdade/desigualdade, por exemplo, na conhecida fórmula "tratar

---

[23] Para uma visão crítica da teoria das fontes, cf. Rubens Limongi França, *Formas e aplicação do direito positivo*. São Paulo, 1969, p. 21 ss.

[24] Sobre a noção de justiça, na tradição, ver Giorgio Del Vecchio. *A justiça*. Trad. de A. P. de Carvalho, São Paulo, 1960. Sobre o uso da regra da justiça, ver Chaïm Perelman, *Justice et raison*. Bruxelles, 1963, p. 224 ss.

os iguais igualmente e os desiguais desigualmente". O esquema se adapta ao espírito das classificações dicotômicas e hierárquicas, permitindo responder a questões postas na forma de dualidades – houve apropriação ou não?; há propriedade ou há apenas posse?; a aquisição é viciosa ou não?; houve furto ou não? Tais questões, em nome de um princípio suficientemente abstrato, podem ser tratadas de modo universalista,[25] ou seja, conforme critérios internos do sistema, sem prender-se primariamente a situações concretas. Essa orientação universalista foi e é de extraordinária importância para o desenvolvimento de sociedades complexas, a fim de que estas, como são, por exemplo, as sociedades industriais, fossem e sejam capazes de absorver e suportar enormes incertezas e diferenças sociais, no sentido de que ela neutraliza a pressão imediata exercida pelo problema da distribuição social do poder e dos recursos,[26] transportando-a para dentro do sistema jurídico onde ela é, então, mediatizada e tornada abstrata.

É verdade, porém, que há quase um século esse modelo analítico vem sofrendo contínuas críticas. É certo, neste sentido, que os conceitos dogmáticos são elaborados com a finalidade de cumprir as tarefas impostas pela decidibilidade dos conflitos. No entanto, essa é uma finalidade abstrata,

---

Ver ainda Giuseppe Lumia, *Lineamenti di teoria e ideologia del diritto*. Milano, 1973, p. 114 ss.

[25] Ver Luhmann, *Rechtssystem und Rechtsdogmatik*. Stuttgart, Berlin, Köln, Mainz, 1974, p. 29.

[26] Sobre a influência da Economia, ver Peter Raisch e Karsten Schimidt. *Rechtwissenschaft und Nachbarwissenschaften*, ed. por Dieter Grimm, Frankfurt am M., 1973, p. 143 ss. No mesmo livro, ver Hans-Günter Krüsselberg. *Wirtschaftswissenschaft und Rechtswissenschaft*, p. 168 ss.

que pode justificar a elaboração de uma série de figuras. Assim, por exemplo, o conceito de dever jurídico desempenhou um papel básico na consecução de uma Dogmática Jurídica, embora talvez seja hoje, como observa Carrió,[27] um conceito excessivamente geral e tosco, que não serve aos propósitos teóricos e práticos que teve no passado. Apesar de algumas limitações, ele servia e serve ainda para, entre outras coisas, distinguir o Direito de outras ordens sociais – como a moral positiva: dever jurídico e dever moral –, o que lhe assinala um papel fundamental, ao lado de outros, na determinação de conceitos de relações jurídicas.

O desenvolvimento do Direito exige, todavia, um trabalho de especificação contínua que vai esgotando a operacionalidade dos conceitos, ou ultrapassando-os e relegando-os a fórmulas abstratas cuja função se reduz a organizar, didaticamente, grandes áreas do conhecimento jurídico. Isso obriga o jurista a novas fórmulas de sistematização. Existem, nesse sentido, campos de comportamento humano sobre os quais incide um grupo de normas de diferentes tipos. Estas constituem um todo conexo em função do campo de incidência, o que nos permite falar, por exemplo, da família, do contrato, da sucessão, da sociedade mercantil como núcleos aglutinadores de normas às vezes extraídas de diferentes códigos e ramos do Direito, mas compondo uma certa unidade de regulamentação. Esse tipo de agrupamento, que tem por base um critério material, difere de outros que se fundam em relações formais. Uma regulamentação deste segundo tipo constitui, nesse sentido, uma textura de relações entre normas a partir da posição de princípios extraídos da própria

---

[27] Carrió. *El concepto de dever jurídico*. Buenos Aires, 1966, p. 53.

realidade. Num trabalho recente,[28] encontramos um excelente exemplo dessa dupla possibilidade de agrupamento.

Ao tentar enquadrar o fenômeno da poluição na chamada árvore do Direito, o autor percebe que, se parte do problema a resolver: a situação concreta da poluição, vê-se obrigado a buscar normas de diferentes ramos jurídicos – constitucional, administrativo, tributário, comercial, civil, econômico, penal, trabalhista, internacional – para compreendê-lo juridicamente, as quais acabam, em função da matéria questionada, por adquirir uma certa unidade, constituindo um agrupamento que poderíamos chamar de problemático.

Um agrupamento problemático de normas é menos comum no sentido de que, nas exposições didáticas da Dogmática Jurídica, embora usado, não é tematizado como tal. Aqui se postula, quanto às fontes, por exemplo, que não há nenhum centro absoluto e único de produção do Direito, mas vários, organizados a partir de situações e concatenados entre si em função de critérios pragmáticos como uma possibilidade de atuação na solução de conflitos, ou seja, tendo em vista diretamente a decidibilidade dos conflitos. Com isso, a própria noção de hierarquia passa a ser secundária, enquanto modo de representação da ordem normativa, e não único, mesmo porque a linha produtora do Direito não é vertical nem contínua, pois as normas agrupadas têm seu sentido potenciado umas pelas outras, nas suas diferentes funções. Assim, um agrupamento problemático pode conter tanto normas impositivas que vinculam o destinatário a uma ação, sob pena de sanção, quanto, ao mesmo tempo,

---

[28] Ver Marco Aurélio Greco, *Disciplina jurídica da poluição*. São Paulo, 1975.

normas interpretativas, que determinam obrigatoriamente o significado de uma disposição, normas procedimentais que regulam as formas de sua atuação etc.[29]

A construção analítica jurídica, portanto, oscila entre esforços mais ou menos engenhosos para reduzir toda uma gama de fenômenos normativos, normas ou conceitos a eles ligados, a tipos genéricos e básicos, e a necessidade de uma diferenciação contínua que acaba por frustrar, às vezes, sua intenção de erigir todo o saber jurídico na forma de um sistema único e abarcante.[30] Revela-se, assim, como um empreendimento programático que faz frente a uma gama de atividades de regulamentação cada vez mais complexa. Assim, por exemplo, o Estado regula a economia em todos os seus aspectos, quer através da execução de políticas fiscais e monetárias, quer pelo controle do câmbio, do crédito e de todo o processo produtivo. Com isso, são multiplicados os instrumentos de atuação, criando-se sempre novas e diferentes formas de licenças, quotas, proibições prévias, incentivos etc.[31]

---

[29] Sobre sistematizações desse gênero, ver Thomas Comides, Arbeitsteilige Normensysteme und ihre Bedeutung für die Rechtstheorie. In: *Rechtsphilosophie und Gesetzgebung*, Wien-New York, 1976, p. 14 ss. Sobre as dificuldades de uma sistematização tradicional e a necessidade de outras formas no Direito Internacional Econômico, ver Celso Lafer, *Da reciprocidade no direito internacional econômico*: o Convênio do Café de 1976, São Paulo, 1977, p. 24-25. Ver, especialmente, Miguel Reale, *Estudos de filosofia e ciência do direito*. São Paulo, 1978, p. 26 ss. e 35 ss.

[30] Cf. Arthur Baumgarten, *Die Wissenschaft vom Recht und ihre Methode*, 3 v. Tübingen, 1920, v. I, p. 346 ss.

[31] Sobre esses instrumentos e as dificuldades da Dogmática em adequá-los aos princípios analíticos da tradição, ver Geraldo de Camargo Vidigal. *Objeto do direito econômico*. São Paulo, 1976, p. 114 ss. e 121 ss.

136 Função Social da Dogmática Jurídica • Ferraz Jr.

A analítica jurídica se vê, assim, forçada a remover-se no seu pêndulo entre ligações e diferenciações, superando-se continuamente e caracterizando-se, em suma, como uma sistematização aberta. Isso nos conduz ao exame do segundo modelo referido, o que permitirá uma retomada do problema da função social da Dogmática de um outro ângulo que, se de um lado reforça alguma das observações feitas, de outro vai, sem dúvida, ampliá-las.

2 O modelo hermenêutico e suas funções

O postulado quase universal da Dogmática Jurídica, de que não há norma sem interpretação,[32] define de imediato a função social das interpretações dogmáticas. Como dissemos, a Dogmática cria condições para uma libertação do espírito onde a sociedade espera vinculação. Ao afirmar seu postulado, a Dogmática interpreta sua própria vinculação a dogmas, conferindo ao intérprete uma disponibilidade que o autoriza a ampliar as incertezas sociais de um modo suportável e controlado.

O desenvolvimento da Dogmática como teoria da interpretação é relativamente novo em nossa cultura. Muito embora a elaboração de técnicas interpretativas do Direito seja bastante antiga, pois, como vimos no panorama histórico, já estava presente tanto na jurisprudência romana quanto até mesmo na retórica grega, elaborando-se progressivamente nas técnicas das *disputationes* dos glosadores e tomando um caráter sistemático com o advento das escolas jusnaturalistas da era moderna, a consciência de que a teoria jurídica é uma

---

[32] Para uma concepção atual deste postulado, cf. Roland Dubischar. *Vorstudium zur Rechtswissenschaft.* Stuttgart, Berlin, Köln, Mainz, 1974, p. 90 ss.

teoria hermenêutica – ou seja, a tematização da Dogmática Jurídica como teoria hermenêutica – é relativamente recente. Isso nos conduz ao século XIX como um período em que a interpretação deixa de ser uma questão técnica da atividade do jurista, para, então, transformar-se em objeto de reflexão, tendo em vista a constituição de uma teoria.[33] O núcleo constituinte dessa teoria já aparece esboçado nos fins do século XVIII. O jusnaturalismo, como vimos, já havia cunhado, para o Direito, o conceito de sistema, o qual se resumia, basicamente, na noção de um conjunto de elementos ligados entre si pelas regras de dedução. No campo jurídico, falava-se em sistema das ordens da razão, ou sistema das normas racionais, entendendo-se com isso a unidade das normas a partir de princípios dos quais elas eram deduzidas. Interpretar o Direito significava, então, a inserção da norma em tela na totalidade do sistema. Porém, a ligação entre o conceito de sistema e o de totalidade acabou por colocar a questão geral do sentido da unidade do todo. Aparecem os modelos mecânico e orgânico: no primeiro, a unidade era dada pela integração das partes segundo um princípio de não contradição e de complementaridade; no segundo, a unidade era um *plus* em relação às partes, alguma coisa que não se reduzia à mera soma das partes, mas que garantia a unidade do seu sentido (por exemplo, nos organismos biológicos, a ideia de vida como irredutível aos órgãos, mas imanente a eles).[34]

No plano jurídico, a questão da unidade se torna um problema de sentido da ordem normativa. Qual o fundamento

---

[33] Cf. Joachim Hruschka, *Das Verstehen von Rechtstexten*. München, 1972, p. 6, diferença entre *Auslegung* e *Interpretation*.

[34] Cf. Tercio Sampaio Ferraz Jr., *Conceito de sistema no direito*. São Paulo, 1976, p. 8 ss.

138 Função Social da Dogmática Jurídica • Ferraz Jr.

desse sentido? Savigny, numa fase do seu pensamento anterior a 1814, afirmava que interpretar era mostrar aquilo que a lei diz.[35] A alusão ao verbo *dizer* nos faz ver que Savigny estava preocupado com o texto da lei. A questão técnica da interpretação era, então, como determinar, o sentido textual da lei. Daí a elaboração de quatro técnicas: a *interpretação gramatical*, que procurava o sentido vocabular da lei; a *interpretação lógica*, que visava o seu sentido proposicional; a *sistemática*, que buscava o sentido global; e a *histórica*, que tentava atingir o seu sentido genético. Após 1814, percebe-se na obra de Savigny que a questão toma outro rumo, e o problema da constituição da Dogmática Jurídica, a partir de um modelo hermenêutico, se esboça. A questão deixa de ser a mera enumeração de técnicas interpretativas para referir-se ao estabelecimento de uma teoria da interpretação. Surge o problema de se procurar um critério para a interpretação autêntica. A pergunta é: qual o paradigma para se reconhecer que uma interpretação do texto da lei é autêntica? A resposta envolve a possibilidade de um sentido último e determinante. A concepção de que o texto da lei é expressão da *mens legislatoris* leva Savigny a afirmar que interpretar é compreender o pensamento do legislador manifestado no texto da lei.[36]

Essa concepção nos mostra um ponto nuclear do desenvolvimento da Dogmática Jurídica como teoria da interpretação. O problema básico da atividade jurídica não é apenas a configuração sistemática da ordem normativa, mas a determinação do seu sentido. Isso instaura as condições para o

---

[35] Cf. Karl Larenz, *Methodenlehre der Rechtswissenschaft*. Berlin, Göttingen, Heidelberg, 1960, p. 10.

[36] Cf. Larenz, cit., p. 11.

aparecimento de um método peculiar ligado à ideia de compreensão e de uma disputa em torno do objeto da própria teoria jurídica visto, de um modo geral, como sendo os atos intencionais produtores do Direito e, por isso mesmo, dotados de um significado que deve ser elucidado. Assim, se partirmos da observação de que o ato da interpretação tem por objeto não um texto, mas o sentido que ele expressa, e que este foi determinado por outro ato interpretativo – o da autoridade competente – que por sua vez é condicionado por uma série de fatores que podem alterá-lo, restringi-lo, aumentá-lo, põe-se, aqui, o problema do ponto de partida da interpretação. Quando dizemos que interpretar é compreender uma outra interpretação afixada na norma, afirmamos a existência de dois atos: um que dá à norma o seu sentido e outro que tenta captá-lo. Portanto, para que possa haver interpretação jurídica, é preciso que, ao menos um ato doador de sentido seja fixado. Daí um dos pressupostos da hermenêutica do Direito ser o princípio da inegabilidade do seu ponto de partida. O dogma inicial pode, porém, ser colocado em diferentes níveis, hierarquizados ou não. Por exemplo: parte-se da norma positiva vista como dogma, mas também é possível questioná-la do ponto de vista da sua justiça, caso em que uma concepção de justiça passa a ser o novo ponto de partida. Ou podemos questioná-la do ângulo da sua efetividade, caso em que a possibilidade de produção de efeitos passa a ser o ângulo diretor e o ponto de partida postulado. Ou podemos, ainda, reconhecer pontos de partida pluridimensionais compatíveis entre si. O importante é que a interpretação jurídica tenha sempre um ponto de partida tomado como indiscutível.

Como deve haver um princípio dogmático que impeça o retrocesso ao infinito – pois uma interpretação cujos prin-

140 Função Social da Dogmática Jurídica • Ferraz Jr.

cípios fossem sempre abertos impediria a obtenção de uma decisão – mas, ao mesmo, tempo, a sua identificação é materialmente aberta,[37] notamos, então, que o ato interpretativo tem um sentido problemático localizado nas múltiplas vias que podem ser escolhidas, o que manifesta a liberdade do intérprete como outro pressuposto básico da hermenêutica jurídica. Portanto, a correlação entre esses dois pressupostos, um atendendo a aspectos objetivos, outro a aspectos subjetivos da interpretação, nos leva a um novo pressuposto, qual seja o caráter deontológico e normativo da interpretação.[38]

A tensão entre dogma e liberdade é, na verdade, uma tensão entre a instauração de um critério objetivo e o arbítrio do intérprete. Ora, em vista dessa tensão, segue-se, no Direito, que não apenas estamos obrigados a interpretar – não há norma sem sentido, nem sentido sem interpretação – mas que deve haver uma interpretação e um sentido que prepondere e que ponha um fim prático à cadeia das múltiplas possibilidades interpretativas. Para entender-se este fim prático, o critério é a própria questão que anima a Dogmática Jurídica – o problema da decidibilidade, isto é, de se criar condições para uma decisão possível.

A Dogmática Jurídica de estilo hermenêutico tem, pois, uma posição diferente daquela de estilo analítico perante o problema da decidibilidade. Enquanto esta última o enfrenta *partindo do sistema em direção* ao mundo circundante, acentuando unilateralmente a visão interna, não se incomodando

---

[37] Vide, por exemplo, a polêmica entre adeptos da teoria em que prevalece a *mens legis* e dos que julgam preponderante a *mens legislatoris*. Cf. Karl Engisch, *Einführung in das juristische Denken*. Stuttgart, Berlin, Köln, Mainz, 1968, p. 84 ss.

[38] Ver Miguel Reale, O *direito como experiência*. São Paulo, 1968, p. 244 ss.

preponderantemente com suas consequências para o meio ambiente, a primeira volta-se para as expectativas sociais em conflito, buscando nas consequências os critérios de distinção entre o jurídico e o antijurídico. Isso desenvolve um modo de argumentação dogmático em que as consequências são tão ou mais importantes que as premissas da decisão. Essa distinção entre dois estilos não é meramente acadêmica, mas pode ser vista, por exemplo, na polêmica entre os adeptos da *mens legis* (objetivistas) e da *mens legislatoris* (subjetivistas) na captação do sentido da lei.

Como se sabe, a doutrina subjetivista insiste em que, sendo a Dogmática Jurídica uma disciplina hermenêutica, toda interpretação é basicamente uma compreensão do pensamento do legislador. Portanto, propõe a interpretação *ex tunc* (desde então), isto é, desde o aparecimento da norma, ressaltando-se o papel preponderante do aspecto genético e das técnicas que lhe são apropriadas. Para a doutrina objetivista, ao contrário, a norma tem um sentido próprio, determinado por fatores objetivos, independentes até certo ponto do sentido que quis dar-lhe o legislador, donde a concepção da interpretação como uma compreensão *ex nunc* (desde agora), isto é, tendo em vista a situação atual em que ela se aplica, ressaltando-se o papel. preponderante dos aspectos estruturais em que a norma é vigente e das técnicas apropriadas para sua captação.[39]

Parte a parte, existe uma polêmica que não se resolve com facilidade. Há, inclusive, uma certa conotação ideológica na raiz dos seus argumentos. Assim, levado ao extremo exagerado, podemos dizer que o subjetivismo favorece o au-

---

[39] Cf. Engisch, cit., p. 88 ss.

142 Função Social da Dogmática Jurídica • Ferraz Jr.

toritarismo ao privilegiar a figura do legislador, pondo sua vontade em relevo. Um exemplo significativo é a exigência, na época do nazismo, de que as normas fossem interpretadas de acordo com a vontade do *Führer*: o *Führersprinzip*. Por sua vez, o objetivismo igualmente levado ao exagero favorece um certo anarquismo, pois estabelece o predomínio de uma equidade duvidosa do intérprete sobre a própria norma, ou, pelo menos, desloca a responsabilidade do legislador na elaboração do Direito para o intérprete, ainda que um intérprete legalmente constituído, chegando-se a afirmar, como o fazem os realistas americanos, que é Direito aquilo que os tribunais decidem.[40] Além disso, não deixa de ser curioso que, nos movimentos revolucionários, o Direito anterior à revolução é relativizado e atualizado em função da nova situação, predominando a doutrina objetivista, muito embora, quanto ao Direito pós-revolucionário, tenda-se a privilegiar a vontade do legislador e as soluções legislativas sobre as judiciais, com tendências nitidamente subjetivistas.[41]

---

[40] Cf., entre outros, Felix S. Cohen, *El método funcional en el derecho*. Buenos Aires, 1962, p. 114. Ver também José de Oliveira Ascensão. *As fontes do direito no sistema jurídico anglo-saxão*. Lisboa, 1974, p. 58 ss. Ver ainda Wolfgang Fikentscher. *Methoden des rechts*. Tübingen, 1975, v. II, *Anglo-amerikanischer Rechtskreis*.

[41] Sobre o papel da ideologia no ato interpretativo, ver J. Miedzianogora, Juges, lacunes et idéologie. In: *Le problème des lacunes en droit*, ed. por C. Perelman, Bruxelles, 1968, p. 513 ss. Ver também Jürgen A. E. Meyer e Wolfram Zitscher, Methodologische Ansätze zur rechtssoziologischen Analyse richterlicher Erkenntnisakte. In: *Rechtssoziologie und Rechtspraxis*, ed. por Wolfgang Naucke e Paul Trappe, Neuwied-Berlin, 1970, p. 188 ss. Ver ainda Luiz Alberto Warat, *Semiótica y derecho*, Buenos Aires, 1972, p. 153 ss.; do mesmo autor, ver La linguística jurídica, la problemática definitoria y el condicionamiento ideológico del obrar humano. In: Luis Alberto Warat e Antonio Anselmo Martino, *Lenguage y definición*. Buenos Aires, 1973, p. 17 ss.

A Dogmática de estilo hermenêutico se orienta, pois, para as consequências das ações. Seu grande problema, como se vê a partir dessa polêmica, está em se saber até que ponto ela pode guiar-se pelas consequências sem perder o controle dos conflitos.[42] Tal orientação para as consequências da ação, que significa uma orientação para o futuro ainda incerto, reflete um caráter dominante das sociedades contemporâneas. Se isso de um lado traz incerteza, de outro faz da certeza, especialmente da certeza jurídica, um problema a ser resolvido, e um valor a ser garantido. Os membros das sociedades, nas formas da atualidade, são remetidos às previsões do sistema jurídico que garantem suas decisões, tendo em vista as incertezas dos conflitos. Ora, essas decisões não podem basear-se nas previsões de suas próprias consequências, pois isso obrigaria os membros da sociedade a tentar prever as próprias previsões. Assim, de um lado, a Dogmática de estilo hermenêutico tem de desenvolver fórmulas cognitivas, operacionais e organizatórias capazes de dar ao sistema jurídico condições para, de um lado, ampliar as incertezas de uma sociedade acossada pelas transformações rápidas, pelo crescimento das possibilidades de ação etc.; de outro, impedir que todas as consequências venham a ser legitimadas, orientando-se o sistema jurídico por elas sem perder, porém, o seu controle.[43]

---

[42] A título de elucidação do que queremos significar, pode-se dizer que, por exemplo, a Dogmática do Direito Internacional Público sempre teve um estilo mais hermenêutico do que analítico e, modernamente, vai assumindo um estilo empírico tendo em vista a complexidade peculiar que enfrenta, como se vê num trabalho de Myres S. McDougal, *Some basic theoretical concepts about international law*: a policy-oriented framework of inquiry in international law, ed. por Richard A. Falk e Saul. H. Mendlowitz. New York, 1966, p. 116 ss.

[43] Luhmann, *Rechtssytem und Rechtsdogmatik*, cit., p. 35.

144 Função Social da Dogmática Jurídica • Ferraz Jr.

É claro que a elaboração de uma Dogmática voltada para as consequências das decisões exige um aparelho conceitual mais maleável, mesmo porque, voltando-se ela para o futuro e não para o passado, o futuro apresenta uma complexidade maior, isto é, mais possibilidades e mais interdependências que o passado. Pode-se sentir essa diferença observando-se quantos passos são precisos para determinar se um ato qualquer da administração está conforme as exigências do sistema hierárquico das normas, ou quanto seria preciso para se dizer se o ato atende ou não ao interesse público. De qualquer modo, comparando-se com uma Dogmática *analítica*, vemos que esta constrói ou reconstrói os problemas a resolver no horizonte do passado, projetando-os para o futuro sob a forma de generalizações do passado, o que garante a repetição de possibilidade de decisão no futuro. Já uma Dogmática *hermenêutica* não pode fazer isso dessa maneira, pois o sistema jurídico é confrontado desde o presente com um futuro aberto. Um modo de exercer esse controle está, como diz Luhmann,[44] na internalização do problema das consequências.

Assim, o sistema jurídico transforma as interdependências externas, que são futuras e abertas, em interdependências internas, que são passadas e fechadas. Isso se obtém pelo estabelecimento de alternativas de decisão através de construções dogmáticas, ligando às alternativas certas consequências possíveis. Desse modo, o critério para a determinação do jurídico e do antijurídico não está nas consequências reais, mas nos efeitos jurídicos das decisões juridicamente fixadas. A isso podemos chamar de uma astúcia da razão dogmática, pois, socialmente, criamos a impressão de que houve, de fato, um

---

[44] Luhmann, cit., p. 40.

aumento controlado das incertezas, embora, na verdade, as consequências da decisão só estejam sendo consideradas na medida em que foram previamente avaliadas. Um verdadeiro critério, quando "corrigimos", por exemplo, a legalidade através da equidade, não está assim nas consequências reais, embora esta seja a impressão, mas nas próprias avaliações ligadas à probabilidade de aceitação.

Assim, ainda que voltada para as consequências futuras, a Dogmática de estilo hermenêutico não deixa de servir a um enfraquecimento das tensões sociais na medida em que neutraliza a pressão exercida pelos problemas de distribuição de poder, de recursos e de benefícios ao torná-los abstratos e, neste sentido, manipuláveis. Isso abre caminho para as diversas técnicas teleológicas da Dogmática, que são, então, privilegiadas em relação às técnicas analíticas. Comparando--se mais uma vez com uma Dogmática analítica, vemos que esta, ao interpretar um texto legal. Inicialmente se atém à consistência onomasiológica. Em outras palavras, entendendo-se por onomasiologia a teoria da designação nominal, o primeiro passo na interpretação seria verificar o sentido dos vocábulos do texto, ou seja, a sua correspondência com a realidade que ele designa. Se a norma pune o furto, a questão é saber tanto o que é furto, quanto o sentido em que a palavra está usada no texto.

A primeira tarefa do intérprete analítico, pois, é estabelecer uma definição. A definição jurídica oscila entre o aspecto onomasiológico da palavra (o uso corrente da palavra para a designação do fato) e o aspecto semasiológico (a sua significação normativa). Os dois aspectos podem coincidir, embora nem sempre isso ocorra. Nesses termos, o legislador usa vocábulos que tira da linguagem quotidia-

146 Função Social da Dogmática Jurídica • Ferraz Jr.

na, mas, frequentemente, lhes dá um sentido técnico que precisa ser elucidado. Tal sentido não é arbitrário mas está ligado, de um modo, ao sentido usual, sendo por isso, entre outras razões, passível de dúvida. Assim, por exemplo, o Código Civil brasileiro de 1916 no art. 330, ao estabelecer as relações de parentesco, fala em parentes em linha reta, como as pessoas que estão umas para as outras em relação de ascendentes e descendentes; e, no art. 331, em parente em linha colateral, como as pessoas que provêm, até o sexto grau, de um só tronco, sem descenderem umas das outras. De início, observa-se que o uso vulgar da palavra *parente* não coincide com o legal, pelo menos na medida em que o vulgo não faz a limitação do art. 331, que considera parente em linha colateral a relação consanguínea até o sexto grau, pois se presume, para o efeitos jurídicos, que, além desse limite, o afastamento é tão grande que o afeto e a solidariedade não oferecem mais base ponderável para servir de apoio às relações jurídicas.[45] Não bastasse isso, no sentido vulgar a palavra *parente* se aplica também às relações de afinidade – parentes afins, genro e sogro, nora e sogra – ao passo que o Código, nesses casos, não usa o termo *parentesco*, mas sim o termo *vínculo de afinidade* – art. 334. O conhecimento dessas relações, que tem consequências para a atribuição de direitos, obrigações e restrições que podem variar quando decorrem de um vínculo conjugal, ou da consanguinidade ou da afinidade, é extremamente importante. Contudo, se o Código dá ao parentesco um sentido nitidamente jurídico nos casos citados, nem por isso se afasta completamente do seu uso comum: ao contrário, às vezes oscila efetivamente

---

[45] Ver Washington de Barros Monteiro, *Curso de direito civil*. São Paulo, 1962, v. 2, p. 235.

entre eles, como ocorre no art. 190, nº 1, e art. 415, onde acaba por falar em parentes afins. Assim, a doutrina jurídica costuma falar do emprego, pelo legislador, de certos termos num sentido pouco técnico.

Via de regra, essa interpretação vocabular do texto recebe, atendendo longa tradição, o nome de interpretação gramatical. Durante muito tempo, e ainda hoje, disputa-se sobre a legitimidade de uma hermenêutica que, ao debruçar-se sobre o texto, busca seu sentido literal.[46] No entanto, a simples observação da oscilação mencionada já mostra que a interpretação literal, que se pretende capaz de esgotar eventualmente o sentido do texto, é ilusória. A interpretação gramatical é, na verdade, apenas um ponto de partida, e nunca o fim do processo. A seu lado, falamos também em interpretação lógica, que de lógico tem apenas um certo respeito pelo chamado princípio de coerência. Não se trata bem do princípio lógico da ausência de contraditoriedade, o qual impede que o mesmo termo seja usado com sentidos divergentes em situações idênticas, mas de uma exigência de compatibilidade.[47]

Observa-se, assim, que as técnicas analíticas são formais no sentido de que se procura resolver, de antemão, eventuais incompatibilidades pelo estabelecimento de regras gerais, no esforço de conquistar pontos de apoio formais, porque válidos antes da ocorrência das situações. Age-se, portanto, *a partir* do sistema *para* o mundo circundante.

---

[46] Cf. Roberto J. Vernengo, *La interpretación literal de la ley y sus problemas.* Buenos Aires, 1971, p. 13 ss.

[47] Cf. Luis Recaséns Siches, *Nueva filosofía de la interpretación del derecho.* México, 1973, p. 188 ss. e 277 ss.

148 Função Social da Dogmática Jurídica • Ferraz Jr.

Já as técnicas teleológicas, que partem das consequências *para* o sistema, procuram evitar possíveis conflitos e incompatibilidades, à medida que elas se apresentam, repensando as noções e as normas em função das situações. Desse modo, enquanto a atitude analítica procura soluções olhando as situações a partir das normas, a atitude teleológica visa o mesmo objetivo, olhando as normas a partir das situações. Como exemplo, podemos mencionar o uso de regras jurisprudenciais que permitem ver, nas próprias situações, certas exigências conforme critérios de justiça e de equidade. Assim, em nome da busca de uma solução mais equitativa para um conflito, é possível reinterpretar um elemento do conteúdo de uma norma não à letra, mas num sentido alargado ou restrito, conforme as exigências da decisão justa. Nessa noção podemos incluir as regras de interpretação dos contratos, como a que recomenda que se veja antes a intenção dos contraentes e não a letra das normas; que se observe mais a conduta das partes contraentes, ou seja, o modo como elas estavam executando o que havia sido pactuado; que, em caso de conflito, a incompatibilidade prejudique o outorgante e não o outorgado; que as cláusulas duvidosas sejam interpretadas em favor de quem se obriga e não do que obriga etc. Essas regras são, em geral, jurisprudenciais, isto é, surgiram no trato pelos juízes dos conflitos do dia a dia e foram, a partir deles, elaborados.

Existem casos, ainda, em que se tenta evitar uma incompatibilidade dando-se ao intérprete a possibilidade de, no momento e em certas circunstâncias determinadas, inventar uma saída que solucione, ainda que provisoriamente, o conflito em tela. Podemos mencionar, a título de exemplo, as chamadas ficções interpretativas – que não se confundem com as ficções legais –, que consistem num pacto admitido pelas partes na situação, ou pelas conveniências sociais ou pela equidade no juízo, o qual permite raciocinar como se certos fatos ocorridos não tivessem ocorrido e vice-versa. É o caso, nesse sentido, do juiz que, para argumentar em favor de urna decisão que lhe parece justa, admite como existente uma declaração de vontade que não houve, reinterpretando, para o caso, o sentido de um elemento do conteúdo de uma disposição normativa quanto à exigência da declaração de vontade para a validade do contrato.

Pois bem: a coordenação de todas essas técnicas, dentro de uma Dogmática de estilo hermenêutico, se faz, justamente, em função de uma teleologia que controla o sistema jurídico, tendo em vista as consequências. Há um sentido normativo a ser determinado, o qual implica a captação dos fins para os quais a norma é construída. A percepção dos fins não é imanente a cada norma tomada isoladamente, mas exige uma visão ampliada da norma dentro do ordenamento.[48] A concepção do ordenamento como um todo exige a presença de certos princípios reguladores da atividade interpretativa. O uso da palavra *princípio* expressa um esforço doutrinário de síntese, bem como um conjunto de regras que traduzem um esforço de compreensão.[49] A teoria costuma distinguir

---

[48] Ver Jean Boulanger, Principes Généraux du droit et droit positif. In: *Le droit positif français au milieu du XXe siècle*: études offertes à Georges Ripert. Paris, 1950, I, p. 51 ss. Ver também Rubens Limongi França, *Princípios gerais de direito*. São Paulo, 1971; Genaro Carrió, *Principios juridicos y positivismo jurídico*. Buenos Aires, 1970; Josef Esser, *Grundsatz und Norm in derrichterlichen Fortbildung des Privatrechts*. Tübingen, 1964; Giorgio del Vecchio, *Los princípios generales del derecho*. Trad. Juan Osorio Morales, Barcelona, 1971.

[49] Cf. Felix Somló, *Juristische Grundlehre*, Leipzig, 1927, p. 381. Contra a ideia de que o caráter sistemático tenha um sentido teleológico, ver Ru-

150 Função Social da Dogmática Jurídica • Ferraz Jr.

os princípios como fins imanentes da ordem jurídica e reguladores teleológicos da atividade interpretativa das chamadas regras gerais que mencionamos anteriormente ao falar da interpretação lógica. Ambos caracterizam-se por sua generalidade, mas a generalidade dos princípios é de grau maior; estes valem para séries indefinidas, enquanto aquelas valem para séries definidas de casos.

A interpretação teleológica sempre culmina, assim, num procedimento que ativa a participação do intérprete na própria criação do Direito. Fala-se, então, em interpretação histórico-evolutiva, que ocorre sobretudo quando os objetivos do legislador histórico não são mais reconhecíveis de modo claro, ou quando as necessidades sociais do mundo em transformação passam a exigir uma revaloração dos fins propostos para uma determinada legislação. Aqui se revela, de modo agudo, a incompatibilidade entre a noção de *mens legislatoris* e *mens legis*, transformando-se o modelo hermenêutico num modelo de integração do Direito.

A respeito da integração, percebemos nitidamente como a Dogmática é capaz de voltar-se para as consequências como critério do justo e do injusto, do jurídico e do antijurídico, ampliando as incertezas, mas mantendo-as sob controle. Neste sentido, podemos dizer que o conceito de lacuna, por exemplo, é uma importante invenção dogmática que permite uma orientação da decidibilidade para o mundo circundante, mas de modo controlado. Assim, a atividade hermenêutica do jurista, esteja ela nos limites de apreensão do sentido normativo, esteja complementando-lhe o signifi-

---

pert Schreiber, *Die Geltung von Rechtsnormen*. Berlin-Heidelberg. New York, 1966, p. 7. Schreiber se opõe, nesse texto, a Larenz. De Larenz, ver *Das Problem der Rechtsgeltung*. Darmstadt, 1967, p. 33.

cado ou esteja, inclusive, proporcionando critérios para uma decisão contra a norma – casos de lacuna *de lege ferenda* e, mais grave, decisões camufladas *contra legem* –, tem sempre de ser argumentada a partir do próprio Direito vigente. Nesse sentido, procuramos mostrar que a teoria da interpretação jurídica tem, como pressuposto básico, o caráter inegável de seu ponto de partida, que se expressa modernamente pelo postulado do domínio da lei e do corolário da certeza. Pelo primeiro, assumimos que a lei, ao menos como hipótese argumentativa, é sempre presente: ou textualmente ou pelo seu espírito. Pelo segundo, aceitamos que a certeza, enquanto um alto grau de probabilidade na determinação prévia dos comportamentos exigíveis, é um valor fundamental. Ora, nesse quadro limitado, o conceito de lacuna, do ângulo argumentativo, torna-se, antes de mais nada, um recurso hermenêutico da Dogmática Jurídica cuja função é permitir-lhe o caráter de procedimento persuasivo que busca uma decisão possível mais favorável.[50] Sem ele, nos limites da positividade, o intérprete estaria sem defesas contra a estrita legalidade, pois não teria meios de cobrir o conflito entre a dura letra da lei e as exigências peculiares da equidade. O Direito positivado, como é o atual, tende a estreitar, em nome do valor certeza e do predomínio da lei como fonte básica, o campo de atuação do intérprete, dando-lhe poucas condições para recorrer, com eficiência, a fatores extrapositivos, como os ideais de justiça, o sentimento do equitativo, os princípios de Direito Natural etc. Consequentemente, o conceito de lacuna e os que lhe são aparentados (como interpretação extensiva, conceitos valorativos, normas abertas etc.) conferem ao jurista a possibilidade de se valer daque-

---

[50] Cf. Roland Dubischar, cit., p. 119 ss.

152 Função Social da Dogmática Jurídica • Ferraz Jr.

les fatores extrapositivos como se fossem positivos ou, ao menos, positiváveis. Com isso, também se regula o próprio uso da analogia, da indução amplificadora, do tirocínio equitativo do juiz, de fórmulas valorativas como o bem comum e sentido social da lei, da chamada interpretação econômica dos fenômenos jurídicos etc.[51]

O conceito de lacuna alarga o campo da positividade a partir dele próprio. É uma construção da Dogmática Jurídica imanente ao Direito positivado, que tanto assegura a eventuais critérios transcendentes uma coloração positivante, quanto dá força à argumentação do intérprete. Por isso mesmo, não é sem razão que o problema da lacuna, embora a questão da integração do Direito seja antiga e o preceda, só tenha sido captado e elaborado a partir do século XIX, quando o fenômeno da positivação passou a dominar o pensamento jurídico, tendo nele, e apenas dentro dele, um sentido mais rigoroso. Assim, a constatação da lacuna, embora aparentemente tenha um significado descritivo, representa na verdade um procedimento inventivo, nos termos da retórica, que atua efetivamente como uma regra de natureza permissiva. "Em casos de lacunas, pode o intérprete": esta fórmula, sempre que se tenha em mente que a própria determinação dos "casos" requer do jurista uma verdadeira avaliação do sentido global do Direito e das exigências da decisão justa, serve para controlar uma interpretação voltada para as consequências. Pode-se dizer, nestes termos, que o procedimento argumentativo, tendo em vista a integração nos casos de lacunas, tem dois aspectos correlatos: o primeiro se refere a uma avaliação dos quadros em que um caso

---

[51] Cf. Luis Alberto Warat. *Abuso del derecho y lagunas de la ley*. Buenos Aires, 1969, p. 97.

revela um problema de lacuna – a questão da constatação da lacuna. O segundo diz respeito ao seu preenchimento. Correlatos, eles são, porém, independentes. São correlatos na medida em que o preenchimento pressupõe constatação, a qual, curiosamente, exige o uso de instrumentos integradores. A analogia, neste sentido, não é usada apenas para completar o vazio, mas também para mostrar o vazio.[52] São independentes, porque pode haver constatação de lacuna cujo sentido ultrapasse os limites de preenchimento possível – lacunas técnicas que só o legislador pode completar – e porque o preenchimento da lacuna, salvo disposição expressa, não impede sua constatação em novos casos e circunstâncias. O preenchimento não elide a lacuna corno tal, que continua a subsistir e a ser passível de constatação até que um dispositivo legislativo a elimine. Donde, uma espécie de criação contínua do Direito pelo intérprete.

Isto posto, é preciso notar que a função da Dogmática de estilo hermenêutico, ao voltar-se para as consequências como critério, não deve ser confundida com o problema da confrontação do sistema jurídico com as consequências reais das suas decisões, em termos de questão da efetividade. A Dogmática não é um instrumento da efetividade, ainda que eventualmente possa contribuir para ela, devendo-se notar, porém, que pode dar-se o inverso: às vezes ela pode prejudicar a efetividade.[53] Sua função reside no relacionamento

---

[52] Cf. Claus-Wilhelm Canaris. *Die Festslellung von Lücken im Gesetz*, Berlin, 1964, p. 144 ss.

[53] Ver, por exemplo, a crítica ao conceito dogmático de propriedade urbana tendo em vista as exigências das cidades modernas em Álvaro Pessoa, Aspectos institucionais do desenvolvimento urbano. In: *Encontros da UnB – Urbanização no Brasil*. Brasília, 1978, p. 7 ss.

154 Função Social da Dogmática Jurídica • Ferraz Jr.

de relações de aplicação do Direito, isto é, na construção das condições do juridicamente possível, em termos de decidibilidade, ou seja, na determinação das possibilidades de construção jurídica de casos jurídicos.[54]

No preenchimento dessa função, a Dogmática hermenêutica pode usar a efetividade como corretivo das abstrações com o auxílio das quais ela orienta as decisões, mas não para fundar a identidade do sistema jurídico. Mesmo as Dogmáticas *sociologizantes,* como aquelas propostas pelo realismo americano ou pelo escandinavo[55] – onde a orientação pelas consequências é mais evidente –, não fazem das consequências reais, mas apenas das jurídicas, um verdadeiro critério – ou, mais claramente, elas não se guiam, por exemplo, pelo fato de que, dada uma decisão, alguém ficará pobre e outro rico, ou uma família ficará desagregada, mas pelas avaliações generalizantes que suas construções permitem. Ela não desempenha um papel integrador na própria realidade do mundo circundante do sistema jurídico, mas, dentro desse sistema, proporciona uma identificação de conceitos e *rationes legis.* Nesse sentido, podemos dizer, com Warat,[56] que a Dogmática mitifica a realidade, obtendo politicamente a dissolução das contradições sociais, ao projetá-las numa dimensão harmoniosa onde, em tese, os conflitos se tornam

---

[54] Ver Luhmann, cit., p. 19. Ver a propósito a importância das presunções como instrumento dogmático em Tereza Ancona Lopes de Magalhães. *A presunção no direito, especialmente no direito civil, RT,* nº 513, julho 1978.

[55] Ver, por exemplo, Alf Ross, *Hacia una ciencia realista del derecho.* Trad. Júlio Barboza. Buenos Aires, 1961, p. 164 ss. Do mesmo autor, ver *Sobre el derecho y la justicia.* Trad. Genaro Carrió. Buenos Aires, 1970, p. 105 ss.

[56] Warat, Mito e direito. *Revista do CCJEA.* Santa Maria, v. 2, nº 3, 1977, p. 183.

decidíveis. Ao fazê-lo, ela contribui para um conformismo social. Não que ela elimine os conflitos criando harmonia onde havia desarmonia, mas ela os neutraliza, tornando-os suportáveis. Em outras palavras, ela não os oculta, mas os disfarça, trazendo-os para o plano das conceptualizações. Isso se entende na medida em que o mito não tem por função deformar a realidade, mas sim fornecer dados da dinâmica social num plano de abstração conceitual cristalizada. O mito não é uma ocultação da realidade, porém uma explicação da realidade – explicação no sentido do estabelecimento de uma unidade de sentimentos que canaliza as emoções coletivas, permanecendo neste sentido como uma função indispensável da vida social.[57]

Evidentemente, não estamos dizendo, com isso, que a Dogmática seja um pensamento mítico, mas sim que ela exerce, de certo modo, uma função mitificante. Mesmo porque o pensamento mítico é insuscetível de progresso, sendo fechado. Ele não pode enriquecer-se senão falando poeticamente, sucedendo os mitos aos mitos, os rituais aos rituais, sem que haja verdadeira renovação, o que não ocorre com o pensamento dogmático.[58] Seu ponto de encontro, entretanto, não está na estrutura, mas na função, ou seja, o pensamento mítico não atinge a Dogmática senão através de formas constituídas, fixadas pela prática ou pelo ensino de um pensamento que é racional. A verdade é que a Dogmática, enquanto tecnologia, se distingue essencialmente da mitologia. Às vezes não tanto pelo seu conteúdo, que ela institui,

---

[57] Sobre este papel do mito, ver Ernst Cassirer, *O mito do Estado*. Trad. Daniel Augusto Gonçalves, Lisboa, 1961, p. 17 ss.

[58] Ver Granger, *A razão*. Trad. Lúcia e Bento Prado Jr. São Paulo, 1962, p. 32.

porém pelo seu próprio movimento crítico. A atitude mítica é sempre uma culminação, enquanto a atitude tecnológica é um encaminhamento. Quaisquer que sejam as aparências de fixidez do pensamento dogmático, ele sempre tem um movimento para ir mais longe.

Notamos, assim, que a Dogmática Jurídica de estilo hermenêutico, ao constituir aquele encaminhamento, contém já uma referência relevante à normatividade como um instrumento regulador do comportamento humano que se adapta por contínua evolução ou transformação às exigências do meio ambiente. Mas a competente explicação e compreensão desse aspecto da decidibilidade é objeto da Dogmática em sentido do modelo empírico, como veremos a seguir.

3 O modelo empírico e suas funções

Antes de mais nada, é bom que se esclareça em que sentido a Dogmática Jurídica assume o que chamamos de modelo empírico. Por este modelo, afinal, o pensamento jurídico se constitui como um sistema explicativo do comportamento humano, enquanto regulado por normas. Embora a primeira impressão provocada pelo uso de termos como *empírico, explicativo, comportamento humano* seja a de que o jurista, nesse caso, passa a encarar o Direito como um fenômeno social a ser descrito, donde uma eventual redução da Dogmática à Sociologia Jurídica, não é este o sentido que propomos para o modelo empírico. Reconhecemos, é verdade, que há correntes que praticaram uma espécie de sociologismo jurídico com a expressa intenção de fazer do pensamento jurídico uma ciência social empírica nos moldes das ciências do comportamento. Mas não é a elas que nos reportamos neste passo. Mantemos, por isso, a ideia diretriz que comanda nossa exposição: a de que o pensamento dogmático é um pensamento tecnológico específico voltado para o problema da decidibilidade normativa de conflitos. Nestes termos, o modelo empírico deve ser entendido não como uma descrição do Direito como realidade social, mas como investigação dos instrumentos jurídicos de controle do comportamento. Não se trata de saber se o Direito é um sistema de controle, mas, assumindo-se que ele o seja, o problema que surge é na prática como devemos fazer para exercer esse controle. Neste sentido, a Dogmática Jurídica se revela não como teoria sobre o controle, mas sim como teoria para a obtenção do controle através de decisões. Mais uma vez, portanto, se acentua seu caráter tecnológico.

A grande dificuldade para expor a questão nos moldes propostos está em que, ao contrário dos modelos analítico e hermenêutico, uma teoria para a decisão jurídica está ainda por ser feita. Enquanto encontramos diversas propostas de teorias acabadas e abarcantes do sistema analítico e interpretativo, o fenômeno da decisão é quase sempre analisado parcialmente, disperso nos quadros da Teoria Geral do Direito, da Teoria do Método, da Teoria do Processo, da Teoria da Administração etc. Desse modo, curiosamente, embora a produção de decisões vinculantes e obrigatórias seja um tema incontornável para o jurista, sua discussão, em termos de Direito, ou é restrita à discussão filosófica da legitimidade do Direito, ou se perde em indicações esparsas e não aprofundadas de técnicas decisórias no sentido jurídico – técnicas legislativas, administrativas, judiciárias. Nossa tarefa desdobra-se, nesses termos, primeiro em encontrar, ao menos como hipótese de trabalho, um sentido nuclear para o que se possa chamar de decisão, para, em

158 Função Social da Dogmática Jurídica • Ferraz Jr.

seguida, examinar os instrumentos conceituais tradicionais usados pelo jurista para captá-la e, finalmente, mostrar os caminhos que, nos últimos anos, vêm sendo abertos com o intuito de dar, à teoria da decisão jurídica, uma operacionalidade mais eficiente.

Na mais antiga tradição, o termo *decisão* está ligado aos processos deliberativos. Assumindo-se que estes, do ângulo do indivíduo, constituem estados psicológicos de suspensão de juízo diante de opções possíveis, a decisão aparece como um ato final, em que uma possibilidade é escolhida, rejeitando-se outras. Modernamente, o conceito de decisão tem sido visto como ato culminante de um processo que, num sentido amplo, pode ser chamado de aprendizagem. Apesar de divergências teoréticas importantes, costuma-se dizer que pertencem ao processo de aprendizagem impulso, motivação, reação e recompensa.[59] Impulso pode ser entendido como uma questão conflitiva, isto é, um conjunto de proposições incompatíveis numa situação e que exigem uma resposta. A motivação corresponde ao conjunto de expectativas que nos forçam a encarar as incompatibilidades como conflito, isto é, como exigindo uma resposta. A reação é, propriamente, a resposta exigida. A recompensa é o objeti-

---

[59] Ver Deutsch, cit., p. 145. Ver também: H. Simone James March. *Teoria das organizações*, cit., p. 171 ss.; David Easton. *Uma teoria de análise política*. Rio de Janeiro, 1968, p. 79 ss.; Wilhelm Kromphardt, Rudolf Henn, Karl Foerstner, *Lineare Entscheidungsmodelle*. Berlin, Göttingen, Heidelberg, 1962, p. 104 ss.; Bertrand de Jouvenel, *Du principal et autres réflexions*. Paris, 1972, p. 9 ss. e p. 101 ss.; *Decisions, organizations and society*, ed. por F. G. Castles, D. J. Murray e D. C. Potter, Aylesbury, 1975, esp. p. 19 ss. e 66 ss.; Lucien Mehl, Pour une théorie cybernétique de l'action administrative. In: *Traité de science administrative*, vários autores. Paris, 1966, p. 781 ss.

vo, a situação final na qual se alcança uma relação definitiva em função do ponto de partida.

Neste quadro, a decisão é procedimento cujo momento culminante 1 é um ato de resposta. Com ela, podemos pretender uma satisfação *imediata* para o conflito, no sentido de que propostas incompatíveis são acomodadas ou superadas. Esta resposta é uma forma de subordinação, que pode receber o nome de compromisso, conciliação ou tolerância, conforme as possibilidades incompatíveis pareçam: (a) equivalentemente convincentes; (b) não equivalentemente convincentes, mas sem que se veja qual a recompensa viável se tomada uma decisão; (c) não equivalentemente convincentes, mas obrigando a uma composição para evitar conflitos maiores.[60]

Com a decisão, também podemos buscar satisfação *mediata* quando somos obrigados a responder às incompatibilidades relativas às condições das próprias satisfações imediatas – conflito sobre as possibilidades de conflito –, caso em que a decisão se refere a: (a) expectativas grupais que devem ser levadas em conta para a solução de certos conflitos; (b) expectativas sociopolíticas que se referem às condições de garantia dos objetivos grupais; e (c) expectativas jurídicas, referidas às condições institucionalizadoras da possibilidade mesma de determinação dos objetivos sociopolíticos.

Essa visão alargada da decisão permite ver que se trata de um processo dentro de outro processo, muito mais amplo

---

[60] Cf. William F. Ogburn e Meyer F. Nimkoff. Cooperação, competição e conflito, p. 236 ss., e Acomodação e assimilação, p. 262 ss. In: *Homem e sociedade*, editado por Fernando Henrique Cardoso e Octavio Ianni. São Paulo, 1968.

160 Função Social da Dogmática Jurídica • Ferraz Jr.

que a estrita deliberação individual. O ato decisório é visto, aqui, como um componente de uma situação de comunicação, entendida como sistema interativo, pois decidir é ato de comportamento que, como tal, é sempre referido a outrem em diferentes níveis recorrentes.

Decisão é termo correlato de conflito, o qual deve ser entendido como o conjunto de alternativas que surge da diversidade de interesses, da diversidade no enfoque de interesses ou da diversidade das condições de avaliação, e que não preveem, em princípio, parâmetros qualificados de solução. Por isso mesmo é que exige decisão. Esta decisão não é, necessariamente, o estabelecimento de uma repartição equitativa entre as alternativas de melhores chances, pois isso pressupõe a situação ideal de um sujeito que delibera apenas depois de ter todos os dados relevantes, podendo enumerar e avaliar as alternativas de antemão. A decisão, neste sentido, não é um mero ato de escolha, possível em situações simples, mas não constituindo a regra nas situações complexas, onde as avaliações não são nítidas nem as alternativas são tão claras. Sua finalidade imediata é a absorção de insegurança,[61] no sentido de que, a partir da decisão sobre alternativas incompatíveis que, pela sua própria complexidade, constituem, cada uma de *per si*, novas alternativas – por exemplo: pagar ou sujeitar-se a um processo; sendo pagar entendível como pagar à vista, a prazo, em promissórias, com ou sem garantias etc. –, obtemos outras premissas para uma decisão subsequente sem ter de retornar continuamente às incompatibilidades primárias.

Decidir, assim, é um ato de uma série cuja finalidade é transformar incompatibilidades indecidíveis em alternati-

---

[61] Ver Simon, March, cit., p. 160 ss.

vas decidíveis, mas que, num momento seguinte, podem gerar novas situações até mais complexas que as anteriores. Na verdade, o moderno conceito de decisão a liberta do tradicional conceito de harmonia e consenso, como se em toda a decisão estivesse em jogo a possibilidade mesma de livrar-se de vez de uma relação de conflito.[62] Ao contrário, se conflito é condição de possibilidade da decisão na medida em que a exige, a partir dela ele não é eliminado, mas apenas transformado.

Por essas observações, podemos perceber que a concepção do que poderíamos chamar de decisão jurídica[63] é correlata de uma concepção de conflito jurídico. Assumindo-se que os conflitos ocorrem socialmente entre partes que se comunicam, e que ao mesmo tempo são capazes de transmitir e receber informações, a verdade é que eles correspondem a uma interrupção na comunicação, ou porque quem transmite se recusa a transmitir o que dele se espera, ou porque quem recebe se recusa a receber, criando-se expectativas desiludidas. Ora, há casos em que aos comunicadores sociais são atribuídas possibilidades de exigir essa comunicação recusada. Essa possibilidade de exigência muda a situação, pois as alternativas que surgem da interrupção da comunicação deixam de ser a mera expressão subjetiva dos comunicadores sociais para submeter-se a uma coordenação objetiva, que liga os comunicadores entre si, conferindo-lhes esferas

---

[62] Cf. Fernando Henrique Cardoso, *Política e desenvolvimento em sociedades dependentes*. São Paulo, 1971, cit., p. 9-56.

[63] Sobre a decisão jurídica, ver Maria Borucka-Arctowa. *Die gesellschaftliche Wirkung des Rechts*, Berlin, 1975, p. 72 ss. Ver também Gerhard Struck, *Topische Jurisprudenz*. Frankfurt/M., 1971, p. 76 ss. Esse tema já foi por nós discutido em outro trabalho. Ver *Direito, retórica e comunicação*. São Paulo, 1973, 2ª parte.

autônomas de ação. Obriga-os e, ao mesmo tempo, lhes confere poderes.[64]

O conflito jurídico, então, é uma questão incompatível, no sentido de um conflito institucionalizado. Assim, toda questão conflitiva pressupõe uma situação comunicativa estruturada, ou seja, dotada de certas regras. Segue-se daí que há uma relação entre a estrutura da situação e o modo do conflito. Numa situação pouco diferenciada, em que a solução de conflitos se funda na capacidade individual das partes, o papel do que decide é bastante limitado e quase não se diferencia em relação às partes conflitantes. É o que ocorre, por exemplo, no comportamento da autodefesa em sociedades pouco complexas. O aumento da complexidade estrutural da situação comunicativa explica, porém, uma diferenciação crescente do decididor. Essa diferenciação faz com que o conflito também passe a referir-se ao procedimento decisório e, pois, à participação do decididor, atribuindo-lhe um comportamento peculiar no que se refere à capacidade de decidir conflitos. Essa peculiaridade, em oposição a outros meios de solução de conflitos – sociais, políticos, religiosos etc. –, revela-se na sua capacidade de terminá-los e não apenas de solucioná-los. Vimos, entretanto, que decisões não eliminam conflitos. Que significa pois a afirmação de que as decisões jurídicas terminam conflitos? A verdade é que a decisão jurídica – a lei, a norma consuetudinária, a decisão do juiz etc. – impede a continuação de um conflito. Ela não o termina através de uma solução, mas o soluciona pondo-lhe um fim.[65] Pôr um fim não quer dizer eliminar a incompati-

---

[64] Ver Miguel Reale, *Filosofia do direito*, cit., p. 607 ss.

[65] Ver Otmar Ballweg, *Rechtswissenschaft und Jurisprudenz*. Basel, 1970, p. 105.

bilidade primitiva, mas trazê-la para uma situação onde ela não pode mais ser retomada ou levada adiante.

A Dogmática de estilo empírico toma a própria decisão como centro e subreflexão, do mesmo modo que o modelo analítico privilegia a norma e a hermenêutica, o sentido. Ao fazê-lo, ela encara o problema da decidibilidade como resultante da intervenção contínua do Direito na convivência, vista como um sistema de conflitos intermitentes. Nestes termos, ela se preocupa com as condições de possibilidade da decisão. Para isso, a doutrina mais tradicional procura levantar-lhe os requisitos técnicos que constituem, então, os instrumentos de que se serve o decididor para adaptar sua ação à natureza mesma dos conflitos. Com isso, surge o que se poderia chamar de uma Dogmática da decisão, na qual se elaboram conceitos capazes de enfrentar duas questões básicas: a da qualificação jurídica e a das regras decisórias.[66]

A primeira questão diz respeito às teorias do suposto fático. O suposto fático – entendido por alguns como mera descrição abstrata e genérica de uma situação de fato possível, e por outros como uma hipótese de conduta tipificada, a qual já contém elementos prescritivos – resulta de uma verdadeira construção da Dogmática.[67] Na medida em que os casos concretos aparecem como conflitos que constituem situações, ou que envolvem dados desordenados e não-estruturados, as construções dogmáticas do suposto fático permitem uma sistematização dos conflitos segundo critérios de relevância jurídica. Por seu intermédio, o decididor adquire elementos para sua decisão que organizam sua apreciação

---

[66] Ver Dubischar, cit., p. 104 ss.

[67] Cf. Engisch, *Einführung*, cit., p. 15 ss.

164 Função Social da Dogmática Jurídica • Ferraz Jr.

dos fatos. A decisão, contudo, não emerge automaticamente da identificação do suposto fático, no caso concreto. Temos, então, a segunda questão, referente às regras decisórias respeitantes à prova.

A prova jurídica tem até certo ponto caráter ético, o qual se reporta ao próprio termo na sua origem (*probatio*, que se liga a *probus*, de onde temos, em português, prova e probo).[68] Provar, juridicamente, significa, assim, aprovar, tanto no sentido ético de produzir confiança quanto no sentido técnico de garantir a verdade factual, a verdade, a justiça etc. Com esse intuito, a Dogmática elabora regras e conceitos capazes de dar à prova a consistência jurídica requerida. Além disso, no intuito de possibilitar a decisão, são construídos conceitos capazes de, ao mesmo tempo, traduzir a vinculação do decididor ao Direito e de lhe permitir um espaço de ação controlado. Tais são, por exemplo, as noções de ato vinculado, ato discricionário, conceitos indeterminados, *standards* jurídicos etc.[69]

Se comparamos a Dogmática de estilo analítico e a de estilo hermenêutico com a do modelo empírico, verificaremos que, enquanto a primeira busca os critérios do jurídico e do antijurídico a partir das premissas do próprio sistema jurídico, sem se importar com as consequências (do sistema *para* o mundo circundante), a segunda se preocupa com as consequências, buscando os critérios a partir delas. A ter-

---

[68] Ver Henri-Lévy Brühl, *La preuve judiciaire*: étud e de sociologie juridique. Paris, 1964, p. 22. Ver também Jürgen Rödig. *Die Theorie des gerichtlichen Erk enntnisverfahrens*. Berlin, Heidelberg, New York, 1973, p. 112 ss.

[69] Ver Carlos Coelho de Miranda Freire,. *Influência da doutrina jurídica nas decisões judiciárias*. João Pessoa, 1977, p. 99 ss. Também aqui se incluem as presunções. Ver, a propósito, Tereza Ancona Lopes de Magalhães, cit.

ceira, finalmente, se coloca num meio-termo, visualizando a questão a partir da própria decisão, como um procedimento intermediário entre as premissas e as consequências da decidibilidade. No fundo, trata-se de uma terceira forma de resolver o mesmo problema anteriormente exposto, qual seja, constituir um veículo capaz de proporcionar uma congruência estável entre os mecanismos jurídicos de controle social, limitando-os às possibilidades de variação na relação de aplicação cujos polos são, ambos, contingentes. Mas, ao ensaiar uma espécie de teoria da decisão dogmática de estilo empírico, deixa introduzir, de modo mais evidente, um fator de ordem política na sua conceptualidade.[70] Isso porque, em toda decisão de autoridade, está implícito um elemento de controle da parte do decididor sobre o endereçado da decisão. A respeito da noção de controle, Fábio Konder Comparato[71] observa que, nos dois sentidos com que a lei usa em português o neologismo *controle*, sentido forte de dominação e acepção mais atenuada de disciplina ou regulação, é o primeiro que mereceria especial atenção do jurista, sobretudo tendo em vista a necessidade de incorporar o fenômeno do poder como elemento fundamental da teorização do Direito. No entanto, a Dogmática costuma encará-lo como simples fato extrajurídico, o que ocorre sobretudo no Direito Privado, mas também no Direito Público, onde a noção de poder é esvaziada pelas limitadas e restritivas concepções vigentes dos currículos jurídicos, em termos de Teoria Geral do Estado. Tradicionalmente, a noção de poder costuma ser assinalada nos processos de formação do Direito, na verda-

---

[70] Sobre a relação entre Direito e política, ver Jürgen von Kempski, *Recht und Polilik*. Stuttgart, 1965.

[71] Ver Fábio Konder Comparato, O *poder de controle na sociedade anônima*. São Paulo, 1976, p. 12.

de como um elemento importante, porém que esgota sua função quando o Direito surge, passando, daí por diante, a contrapor-se a ele nos termos da dicotomia poder e Direito, corno se, nascido o Direito, o poder se mantivesse um fenômeno perigoso e isolado dele, em termos de arbítrio, força; ou, então, um fenômeno esvaziado, em termos de poder do Estado juridicamente limitado.[72]

Assim, como fenômeno isolado, ele aparece como algo que pode pôr em risco o próprio Direito. Como fenômeno esvaziado, surge como um arbítrio castrado, cujo exercício se confunde com a obediência e com a conformidade às leis. Nessa dicotomia, aflora uma concepção limitada do próprio poder, tido como uma constante transmissível, como algo que se tem, que se ganha, que se perde, que se divide, que se usa, perdendo-se, com isso, uma importante dimensão do problema localizada na relação entre complexidade social e as exigências de formas de organização a elas compatíveis.[73] Essa dificuldade pode ser sentida na utilização, pela teoria jurídica, de conceitos como o de vontade (do povo, da lei, do governo e da parte contratante), que têm operacionalidade limitada às ações individuais e se transportam, com muito custo, para situações complexas, onde a vontade se torna menos perceptível.

Apesar disso, ou justamente por isso, a Dogmática de estilo empírico constrói um sistema conceptual que capta a decisão num grau de abstração tal que a questão do poder

---

[72] Para uma crítica dessa concepção, ver Miguel Reale, *Teoria do estado e do direito*. São Paulo, 1972, p. 66 ss. Ver também *Pluralismo e liberdade*, São Paulo, 1963, p. 207 ss.

[73] Sobre essa dimensão do poder, ver Niklas Luhmann, *Maciel*. Stuttgart, 1975, p. 90 ss.

se torna, por assim dizer, sublimada. Isso é o resultado da utilização de figuras estereotipadas que transmitem socialmente uma mensagem unitária: a da ordem jurídica da segurança contraposta à insegurança. Através dos estereótipos conceituais, como estado de necessidade, legítima defesa ou indução a erro, sublinham-se, de um lado, as situações de insegurança em que vive o cidadão, aparecendo, do outro, o emissor das decisões, através de conceitos como poder de polícia, discricionariedade e legalidade, como o realizador da justiça e o guarda do compromisso de segurança.[74] É claro que isso apenas transparece, conforme o grau de abstração dos conceitos mantém a decisão num limbo de neutralidade, como se as reais relações de poder estivessem todas domesticadas. De novo, a realidade não é ocultada, mas disfarçada; a força é despida de sua crueza, dando a impressão de que as decisões jurídicas chegam, de fato, até a prescindir dela. Isso se torna visível numa análise pouco ortodoxa, em termos de Dogmática tradicional, como é a obra de Comparato a respeito do poder de controle nas sociedades anônimas. Em seu texto, o autor acaba por evidenciar que, no exercício desse controle, além dos poderes de Direito que a lei confere, existem outros: os poderes de fato, que a Dogmática tradicional sublima. Observa aquele autor,[75] por exemplo, que "o diretor de uma companhia que goza da confiança e intimidade de um Ministro de Estado, do qual depende em última instância a sobrevivência da empresa, costuma exercer um poder de fato incontrastável sem correspondência com as suas prerrogativas diretoriais".

Todavia, a Dogmática da decisão reduz o controle, que está implícito nos atos decisórios, à sua organização jurídi-

---

[74] Ver Warat, *Mito e Direito*, cit., p. 187.

[75] Fábio Konder Comparato, cit., p. 29.

168 Função Social da Dogmática Jurídica • Ferraz Jr.

ca, disfarçando, através dela, os mecanismos políticos que, justamente, dão ao exercício do poder seu caráter efetivo e real, em termos de capacidade de suscitar a obediência. Esse mascaramento e não ocultação – pois a Dogmática não diz que esses fatos não existem; ela apenas os apresenta de um outro modo – tem, contudo, um aspecto socialmente positivo, que deve ser posto em relevo. Referimo-nos ao papel da violência no Direito.[76] Não tomamos a palavra *violência* no seu sentido de violência física concreta no seu *aqui e agora*, mas sim no sentido simbólico de ameaça, de sua presença simbólica. Quando falamos de violência e Direito, também não nos referimos à coação física, à efetiva imposição do Direito quando alguém é preso ou tem seu patrimônio diminuído compulsoriamente. Não falamos, pois, da violência como meio ou instrumento do Direito, que é um fato e não pode ser negado; referimo-nos, sim, à violência como manifestação do Direito, como é o caso da vingança em sociedades primitivas, onde ela não significa, primariamente, a punição concreta do culpado, mas sim a representação, socialmente esperada, de que um Direito continua valendo, apesar de ter sido violado.[77]

A violência está ligada à natureza física do homem?[78] Se o homem por natureza é violento, torna-se importante, so-

---

[76] Sobre a questão do ponto de vista formal, ver Norberto Bobbio. *Studi per una teoria generale del diritto*. Torino, 1970, p. 119 ss. Sob o aspecto social, ver Karl Olivecrona. *El derecho como hecho*. Trad. Gerónimo Cortés Funes. Buenos Aires, 1959, p. 95 ss.

[77] Ver Luhmann, *Rechtssoziologie*, cit., p. 106 ss., em quem baseamos as observações que se seguem.

[78] Cf. Otto Klineberg, *Psicologia social*, 2 v. Trad. Maria Lúcia do Eirado Silva, Jane Bouchaud Lopes da Cruz e Olga de Oliveira e Silva. São Paulo, 1959, p. 113 ss.

cialmente, que ela esteja "bem" posicionada: nenhum Direito permanece Direito se ela estiver do outro lado...[79]

Neste sentido, a violência evidencia, com sua presença simbólica, a seletividade da ordem. No entanto, essa associação entre Direito e violência gera problemas. Primeiro, temos o dado histórico de que toda violência gera violência. Onde a violência está presente, mais violência pode aparecer. Segundo, temos que, com o aumento da complexidade social, a violência tende a ganhar alta importância e até independência estrutural, como base do poder. Para vermos isto, basta comparar a força da violência com outras bases do poder, como o prestígio, o conhecimento, a lealdade etc.[80] A violência é capaz, mais que as outras, e com maior grau de independência, de impor-se fora da organização social baseada no *status,* ou no domínio de informações. Na realidade, a única dependência social da violência, sobretudo em sociedades complexas, de certa efetividade, é a própria violência dos outros. Daí, inclusive, a possibilidade de ela libertar-se do próprio Direito, diferenciando-se e constituindo um sistema próprio, no qual se tem prestígio porque se tem violência, se tem conhecimento porque se tem violência, se tem lealdade porque se tem violência.

Como se vê, a violência em si é ambígua. Tanto ela constrói quanto destrói a sociedade, em termos de ordem vigente. Como tal, tomada isoladamente, ela é neutra em ambos os casos. Além disso, se partimos do fato da existência da

---

[79] Ver Hannah Arendt, *Crises da república.* São Paulo, 1973, esp. o ensaio sobre a violência.

[80] Sobre a violência e poder e os seus demais componentes, ver Max Weber, *Wirtschaft und Gesellschaft.* Tübingen, 1976, p. 541 ss. Ver também Celso Lafer, O *sistema político brasileiro.* São Paulo, 1975, p. 34 ss.

violência em grande escala, como os casos de tortura de que temos notícia, admitimos, também, que a violência em si não tem limites. É aqui que surge a necessidade social de se estabelecer a noção de abuso de violência e de seu correlato, a violência razoável. Essas noções não podem ser obtidas nem a partir da própria violência, nem do seu estabelecimento como base do poder. Para isso, precisamos, então, de certas condições: a primeira está na concentração política da decisão sobre o uso da violência, o que indica a procedimentalização desse uso. Na medida dessa concentração, o uso individual da violência pode assumir a forma de antijurídico e perde sua força como sintoma do Direito.[81] Note-se que falamos de concentração da decisão e não do uso, pois a mera concentração do uso pode aumentar a violência e gerar um Estado de força. A segunda está na diferenciação entre a prova *do* Direito e a prova *de* Direito, ocorrendo a separação entre a *quaestio juris* e a *quaestio facti*, bem como as respectivas fontes de informação, o que dá à busca do Direito uma certa autonomia, pois este não pode ser determinado nem só por normas, nem só por fatos. Ao contrário, sua prova resulta de uma combinatória entre os dois.

Dados esses pressupostos, não é possível tornar indispensável a violência com toda a sua ambiguidade, mas torna-se viável ao menos criar uma situação em que a violência aparece essencialmente limitada. Essas condições são sociais, mas o seu veículo é a Dogmática. Ela é o veículo por meio do qual passam a se manifestar as ideologias da não violência, da violência legítima ou mesmo da violência controlada; em suma, da violência razoável. Através da Dogmática, que mostra a decisão como um procedimento

---

[81] Cf. Max Weber, cit., p. 821 ss.

no qual a violência está domesticada, não se elimina a violência, mas se enfraquece sua força. Ela traz a violência para dentro do sistema jurídico, mostrando, às vezes, que a violência não é um limite do Direito, mas que está dentro dele, com toda sua ambiguidade, ou seja, que o comportamento violento não é um limite, mas sua qualificação resulta de uma diferenciação interna do próprio sistema jurídico. E a Dogmática, ao conceptualizar o sistema jurídico, é uma peça importante nessa diferenciação. Afinal, ela permite, como dissemos acima, uma congruência estável entre normas, instituições e valores, fazendo com que a violência não entre no Direito como norma, nem como instituição, nem como valor, mas suponha a correlação dos três.

Isso faz com que se possa contrapor a violência institucionalizada à violência legal, e esta à violência legítima, num jogo cujo resultado é tanto o balanceamento da violência no sistema jurídico, quanto a possibilidade de se distinguir entre o abuso de violência e a violência razoável.

Essa função da Dogmática tem, como se vê, um cunho eminentemente ideológico. Uma das suas fontes mais importantes é a ideologia da não violência. As relações entre ideologia e Dogmática são, porém, sutis, como veremos a seguir.

4

DOGMÁTICA E IDEOLOGIA

SUMÁRIO: 1. A Dogmática como um rito cerimonial;
2 Dogmática e discurso persuasivo; 3 Neutralização
de valores e ideologia

1 A Dogmática como um rito cerimonial

Pierre Legendre, em seu livro *Jouir du pouvoir: traité de la bureaucratie patriote*,[1] afirma que, para os juristas, a sociedade não é nem gentil nem maldosa, pois a famosa *vontade do legislador* não tem, estritamente, nenhum caráter. Afinal, dada sua função, os juristas nada compreendem do repertório neobarroco das ciências humanas, as quais, por sua vez, não se interessam pelos textos incompreensíveis e inatingíveis manejados pelos glosadores juristas. O Direito deve permanecer inacessível como instrumento voltado para a manutenção da ordem, seja ela qual for. Por isso mesmo, diz ele, o Direito não mente jamais, uma vez que ele existe, pre-

---

[1] Pierre Legendre, *Jouir du pouvoir*: traité de la bureaucratie patriote. Paris, 1976, p. 154 ss.

cisamente, com a finalidade de obscurecer a verdade social, deixando que se jogue a ficção do bom poder.

Na realidade, prossegue Legendre, o ensinamento dos juristas revela que, em razão da enorme produção normativa da qual têm eles o encargo interpretativo, tudo se passa como se um único texto, invólucro infinitamente inchável, estivesse em expansão contínua. Em outras palavras, as diversas operações técnicas – legislação, regulamentos e jurisprudências – em nada mais consistem do que em relançar o mesmo objeto, que se chama *o* Direito Brasileiro, *o* Direito Francês, *o* Direito Português. A conclusão, portanto, não podia ser outra: esta forma de trabalhar serve para obturar todas as eventuais saídas e assegurar aos outros cientistas que nada há a procurar fora disso.

Nesse sentido, o trabalho do jurista paradoxalmente impede o diálogo com a lei. O *jurista faz a lei falar*. Dessa maneira, cerceia-se, em relação aos sujeitos da lei, a possibilidade da palavra plena, pois não há absolutamente um discurso quando a comunicação transita pela ritualização dogmática, a qual existe, então, para levar os sujeitos ao destino de se colocar sob controle dos juristas. Entra-se, assim, num universo de silêncio: um universo do texto, do texto que sabe tudo, que diz tudo, que faz as perguntas e dá as respostas. Nestes termos, conclui Legendre, os juristas fazem um trabalho doutoral no sentido escolástico da palavra. Em outras palavras, fazendo seu trabalho, eles não fazem o Direito: apenas entretêm o mistério divino do Direito, ou seja, o princípio de uma autoridade eterna fora do tempo e mistificante, conforme as exigências dos mecanismos de controle burocrático num contexto centralista.

Embora rudes, estas observações de um autor preocupado com o exercício burocrático do poder na sociedade atual nos remetem a uma questão importante. Na verdade, tratar o papel da Dogmática como uma relação de comunicação para medir-lhe o rendimento informativo, no sentido de que ela propicia os critérios limitativos da relação de aplicação do Direito, equivale a deixar em aberto o problema de se saber quais as condições particulares que fazem um relacionamento dogmático se perpetuar como tal, mesmo quando as informações que ele transmite tendem a se distanciar por abstração da realidade. Quando estudamos a função da Dogmática, é preciso reconhecer, inicialmente, que a própria linguagem doutrinal da Dogmática confere ao seu discurso uma espécie de autoridade pedagógica.[2] Por si, ela já é a imposição de uma definição social daquilo que merece ser ensinado, do próprio código no qual sua mensagem é transmitida, daqueles que devem transmitir, bem como dos que são dignos de receber a mensagem doutrinal.

Neste sentido, não podemos olvidar que o que chamamos, no nível vulgar, de Direito, numa sociedade, é mais um conjunto de símbolos e ideais não coerentes, que revelam sua incoerência ao homem comum quando este se envolve, por exemplo, num processo judicial. Nesses casos, como faz notar a Sociologia Jurídica,[3] o homem comum sente o peso da insegurança ao ser confrontado com os direitos dos outros que, embora não lhe pareçam legítimos, não deixam de

---

[2] Sobre a noção de autoridade pedagógica, ver Pierre Bourdieu e Jean Claude Passeron, *Le reproduction*. Paris, 1970, p. 26 ss.

[3] Cf. Talcott Parsons, Recht und sozia Le Kontrolle. In: *Srudien und Materialienzur Recht ssoziologie*, ed. por Ernst Hirsch e Manfred Rehbinder, Köln/Opladen, 1971, p. 126 ss.

lhe trazer uma certa angústia. É claro que seria impensável que o Direito admitisse, oficialmente, que ele se move em múltiplas e incoerentes direções para satisfazer os valores emocionais em conflito da população a que serve. O êxito do Direito como força unificadora depende, pois, de se dar um significado efetivo à ideia de um governo do Direito como algo unificado e racional. Esse êxito depende, em parte, da Dogmática Jurídica.

Funcionalmente, como observa Arnold,[4] a finalidade da teoria jurídica consiste em ser uma caixa de ressonância das esperanças prevalecentes e das preocupações dominantes dos que creem no governo do Direito acima do arbítrio dos homens. Daí sua função de erigir uma espécie de empíreo lógico, onde os ideais contraditórios apareçam como coerentes. Assim, ela demonstra, ou deve demonstrar, que o Direito é, ao mesmo tempo, seguro e elástico, justo e compassivo, economicamente eficiente mas moralmente equitativo, digno e solene, mas também funcional e técnico. Embora desenvolva a pretensão fundada de um método próprio, sente a Dogmática, por tudo isso, uma necessidade de fazer gestos de reconhecimento às técnicas de todos os ramos do saber que têm relação com o comportamento do homem, por mais distintas que elas sejam, as quais, porém, a Dogmática reinterpreta de modo calibrado de acordo com os seus objetivos voltados para as regras constituintes da ordem.

Para essa tarefa ser cumprida, a Dogmática Jurídica não pode ser desenvolvida como uma ciência, pois isso só aumentaria as angústias sociais. Por isso ela se revela antes como

---

[4] Thurman Arnold, El derecho como simbolismo. In: *Sociología del derecho,* ed. por Wilhelm Aubert. Trad. Júlio Valerio Roberts. Caracas, 1971, p. 51.

176 Função Social da Dogmática Jurídica • Ferraz Jr.

uma tecnologia que tem, para aqueles que não a conhecem, aspectos de um rito cerimonial, os quais a respeitam como uma busca constante dos princípios da coerência jurídica.

2 Dogmática e discurso persuasivo

Estas observações iniciais, fundadas tanto em Legendre quanto em Arnold, devem servir como pano de fundo para a importante questão da relação entre Dogmática e ideologia. Para uma Dogmática Jurídica como aquela que se pode ler nas obras dos juristas, não resta dúvida de que o pensamento dogmático envolve uma espécie de sincretismo, o qual trabalha, comparado às exigências de uma linguagem rigorosa, como a que faz a ciência em geral, com categorias indiferenciadas, ao mesmo tempo normativas, sociológicas, naturalistas, positivistas, políticas, metafísicas etc. Nesse contexto, ela é uma formidável tentativa de conciliar as contradições sem eliminá-las, como imposição mesma da unidade e elasticidade que o sistema jurídico deve apresentar.[5]

Neste sentido, Viehweg[6] observa que a Dogmática Jurídica, tendo em vista o fato de que constrói teorias com função social, procurando criar condições para decidir os conflitos com um mínimo de perturbação, possui características como intenção holística, arranjos internos e uso declarado ou encoberto de valores, que apontam para certos fundamentos de caráter ideológico. Ela substitui, com certa

---

[5] Ver Güenther Winckler, *Wertbetrachtung im Recht und ihre Grenzen*. Viena, 1969, p. 6 ss.

[6] Viehweg, Ideologie und Rechtsdogmatik. In: *Ideologie und Recht*. Frankfurt, 1969, p. 88.

facilidade, o saber pelo crer, isto é, *ratio* por *fides*, *scibilia* por *credibilia*, o cognitivo pelo criptonormativo.

A presença da ideologia no pensamento dogmático conduz a uma questão que já foi discutida anteriormente, referente ao papel da verdade. Afirmamos que a Dogmática é um pensamento tecnológico e que, nesses termos, está às voltas com a questão da decidibilidade. No entanto, isso não quer dizer que o verdadeiro esteja daí totalmente excluído. O que tentamos demonstrar é que o discurso dogmático não é um discurso meramente informativo, no sentido de que o emissor se limita a comunicar uma informação sem se preocupar com o receptor, mas sim um discurso eminentemente persuasivo, no sentido de que o emissor pretende que sua informação seja acreditada pelo receptor.[7] Visa, pois, a despertar uma atitude de crença. Trata-se, então, de um discurso que intenta motivar condutas, embora não se confunda com discursos prescritivos, nos quais, aí sim, os qualificativos *verdadeiro* e *falso* carecem totalmente de sentido. A verdade entra no discurso persuasivo como um instrumento de motivação e não como pura informação. Mas, ao pôr-se a serviço da motivação, ela corre o risco do encobrimento ideológico, que passa, então, a dominá-la. Daí a abundância, no discurso dogmático, das chamadas figuras retóricas com a finalidade de chamar a atenção do auditório, como perífrases do tipo "a organização declarada ilegal" (desvio da linguagem para evitar uma menção tabu); ou suspensões (que consistem em retardar um enunciado antes de resolvê-lo, como, por exemplo: "a questão é sumamente complexa"; "as soluções são a propósito bastante discutíveis"); ou preterições (caso em

---

[7] Ver Eduardo Angel Russo e Carlos Oscar Lemer, *Lógica de la persuasión*. Buenos Aires, 1975, p. 31 ss.

178 Função Social da Dogmática Jurídica • Ferraz Jr.

que se diz algo dando a entender que não se quer dizê-lo; exemplo: "não desejamos evidentemente esgotar o assunto em pauta, mas...") etc.

Ao utilizar-se largamente de recursos dessa natureza, a Dogmática põe a verdade entre parênteses e se preocupa mais com o verossimilhante, isto é, não exclui a verdade, mas ressalta como fundamental a versão da verdade (e da falsidade). Neste sentido, um enunciado verdadeiro pode ser considerado verossímil (exemplo: o fato de que certas drogas produzam dependência psíquica é uma razão bastante para sua proibição a um consumo não medicinal), mas pode, também, ser considerado inverossímil (exemplo: a maconha produz efeitos menos perigosos que o álcool, porém a sua liberação, como o caso do álcool, não pode ser aceita).

Deste ângulo, não se pode deixar de reconhecer a importância das avaliações no texto dogmático. Tratando-se de discurso mais persuasório do que informativo, ele está às voltas com interesses na medida em que a persuasão é um sentimento que se funda em interesses. Interesses são tomados, aqui, como funções intersubjetivas, o que já se vê pela análise do sétimo latino *interesse*, estar entre, tomar parte em, estar vinculado a.[8] Definimos assim interesses como vinculações intersubjetivas, nas quais se fundam os procedimentos persuasórios, podendo-se falar em desinteresses como desvinculações nas quais se fundam procedimentos dissuasórios. Nesses termos, também podemos dizer que interesses são disposições para interagir, podendo, através do discurso, ser reforçados, modificados, suprimidos, escondidos etc.

---

[8] Ver Carl Friedrich, *El hombre y su gobierno*. Trad. Gonzales Casanova, Madrid, 1968, p. 80.

Do ponto de vista do discurso, a principal forma de manifestação dos interesses é o valor. Não vamos entrar na discussão em torno do conceito de valor. Para isso, remetemos o leitor a outros trabalhos.[9] Assumimos que os valores são símbolos de preferência para ações indeterminadamente permanentes, ou seja, fórmulas integradoras e sintéticas para a representação do consenso social. Manifestando interesses, valores chegam a ser considerados como entidades, compondo um sistema em si – o mundo dos valores – mas com funções interacionais. Valores "valem para"[10] os comportamentos interativos em termos de um processo seletivo das informações em curso. Neste sentido, valores são *topoi* da argumentação.[11] Esses processos seletivos são de duas ordens.[12] Partindo-se de que eles ocorrem numa situação comunicativa em que emissores e receptores trocam mensagens, podemos supor, em primeiro lugar, que o valor pode ser posto pelo emissor como invariante e utilizado como critério para a seleção de comportamentos diversos, isto é, a partir do valor posto são filtradas as informações contidas na reação do receptor: em razão do valor, com-

---

[9] Tercio Sampaio Ferraz Jr., *Direito, retórica e comunicação*. São Paulo, 1973; *Die Zweidimensionalität des Rechts*. Meisenheim/Glan., 1970, e outros, onde a noção de valor é discutida de modo abrangente. Ver também Miguel Reale, *Filosofia do direito*, 2 v. São Paulo, 1969, em várias passagens. Da bibliografia brasileira recente, ver A. Machado Paupério, *Introdução axiológica ao direito*. Rio de Janeiro, 1977.

[10] A formulação é de Emil Lask, *Die Logik der Philosophie und die Kategorienlehre*, na edição de suas obras completas, organizada por Eugen Herrigel, *Gesammelte Schrifften*. Tüebingen, 1923-1924, v. 11, p. 83 ss.

[11] Sobre *topoi*, ver Viehweg, *Topik und Jurisprudenz*. München, 1974, p. 19 ss.

[12] Ver Luhmann, *Soziologische Aufklärung*. O pladen, 1971, p. 192.

portamentos são selecionados. O valor é prisma, projeto modificado e demarcatório dos comportamentos aos quais se dirige, por exemplo, quando alguém diz: "este procedimento é mais seguro" – valor segurança. A expressão "mais seguro" exerce uma função seletiva no sentido de excluir alguns procedimentos mantendo outros. Em outras palavras, o valor controla as reações possíveis do receptor no sentido de uma exigência de que elas venham a se adaptar a ele. Os comportamentos são tomados como variáveis e o valor, posto com invariante, os seleciona. Pode suceder, porém, um processo seletivo inverso. Suponhamos que um beberrão diga: "Bom mesmo é beber cerveja." Neste caso, o valor "bom" é posto como variável, sendo invariante o comportamento ao qual se dirige. Aqui também há um processo seletivo, mas que representa um movimento do comportamento para o valor. Chamamos a primeira função seletiva de função modificadora; a segunda, de função justificadora. Na primeira, as informações se adaptam ao valor; na segunda, o valor se adapta às informações.

Na prática, nem sempre é fácil distingui-las, mormente porque o discurso persuasivo é sujeito a estratégias que visam à credibilidade, isto é, a estratégia pode esconder a real função do valor, dando, por exemplo, a impressão de que estamos modificando quando, na verdade, estamos justificando. Sobretudo no discurso dogmático, isso pode ser observado com frequência. A função seletiva do valor se mostra, no discurso dogmático, como um instrumento de controle do comportamento. Trata-se de um instrumento persuasório, que visa a um receptor reativo que deve ser conquistado. Assim, na sua função seletiva justificadora, o discurso dogmático pode expressar, através de avaliações, uma informação redundante, partindo do pressuposto de que o receptor já sabe, e quer, aquilo que se diz, procurando integrar-se no seu sistema de expectativas, exigindo dele uma concordância com o que já havia concordado consciente ou inconscientemente. O discurso dogmático é, neste caso, ficticiamente informativo e inovador, procurando, simplesmente, atiçar as expectativas do receptor.[13] Faz-se o ouvinte acreditar que a informação é nova mas, no fundo, parte-se de um universo já aceito. Como exemplo, temos a valoração do matrimônio cristão tomada numa função justificadora de instituições como monogamia, família, estatuto de pais e filhos, a herança; da liberdade, exercendo a mesma função quanto ao contrato e à sua força vinculatória; da propriedade, no que diz respeito à propriedade privada. Em torno dessas valorações de função justificadora, fazemos aprovar situações de conveniência e certeza, como letras de câmbio, fixação de prazos para fazer notificações etc. Aceitamos a tradição, argumentamos contra abusos.[14]

Do ponto de vista do jurista, que se dirige ao seu público, supomos que tais valores são articulados justificadoramente porque ele conhece seus efeitos, dispondo-os de tal modo que provocam no receptor escolhas determinadas. No entanto, nesse espaço da função justificadora, há lugar para a função modificadora, que persuade na medida em que reestrutura ao máximo aquilo que já é conhecido. O texto dogmático parte, nestes casos, de premissas já adquiridas, mas para questioná-las, submetendo-as ao crivo crítico. Ele expressa algo inusitado sendo, nesse sentido, efetivamente informativo, pressupondo que o receptor não sabe nem quer

---

[13] Ver Umberto Eco, *A estrutura ausente*: introdução à pesquisa semiológica. Trad. Pérola de Carvalho. São Paulo, 1971, p. 72 ss.

[14] Ver Arnold Brecht, *Teoria política*. Rio de Janeiro, 1965, v. 11, p. 197 ss.

182 Função Social da Dogmática Jurídica • Ferraz Jr.

aquilo que diz, visando a uma reação positiva, de aceitação. Por isso, em geral quando o valor tem função modificadora, há um enriquecimento no universo de expectativas. Como exemplo, podemos citar casos em que a liberdade é postulada como valor, provocando alterações nas relações de renda e sua distribuição, entre o trabalhador e o empregador, nas possibilidades de acesso ao ensino e à cultura etc.

3 Neutralização de valores e ideologia

A presença dos valores no texto dogmático faz dele um discurso eminentemente persuasivo, cuja força repousa na objetividade que pretendem manifestar. Não são os valores do autor, mas os da comunidade que estariam em jogo. Contudo, para exercer sua função persuasiva, os valores têm de ser neutralizados. Neutralização é um processo pelo qual os valores parecem perder suas características intersubjetivas na medida em que dão a impressão de valer independentemente de situações e contextos. Essa neutralização se obtém através de ideologia. Ideologia é um termo equívoco, significando ora falsa consciência, ora tomada de posição – filosófica, política, pessoal etc. – ora instrumento de análise crítica – teoria da ideologia – ora instrumento de justificação – programa de ação.[15] Em nossa concepção, funcionalizamos o conceito.[16] Admitimo-lo como um conceito axiológico, isto

---

[15] Sobre o conceito de ideologia, ver Karl Mannheim, *Ideologie und Utopie*. Frankfurt/M., 1965, p. 56 ss. Para a relação entre Direito e Ideologia, ver o volume *Ideologie und Recht*, editado por Werner Maihofer, Frankfurt/M., 1969. Para o papel da Ideologia na Dogmática, ver Luis Alberto Warat, *El derecho y su lenguage*. Buenos Aires, 1976, p. 110 ss. e 151 ss.

[16] Ver Luhmann, *Soziologische Aufklärung*, cit., p. 54 ss. Ver também Carl Friedrich, cit., p. 107 ss.

é, a linguagem ideológica é também valorativa. Só que, enquanto os valores em geral constituem critério de avaliação de ações, a valoração ideológica tem, por objeto imediato, os próprios valores, com uma qualidade pragmática diferente; enquanto os valores são expressões abertas, reflexivas e instáveis, a valoração ideológica é rígida e limitada. Ela atua no sentido de que a função seletiva do valor no controle da ação se torna consciente, isto é, a valoração ideológica é uma metacomunicação que estima as estimativas, valora as próprias valorações, seleciona as seleções, ao dizer ao interessado como este deve vê-las. Nesse sentido, porém, é uma valoração *sui generis* que, de certo modo, se desacredita como tal, pois, sendo uma valoração dos valores, ela garante o consenso daqueles que precisam manifestar seus valores, assegurando-lhes a possibilidade de expressão. Os valores, assim, se tornam comunicáveis. Mas, ao mesmo tempo, estabelece uma instância que neutraliza as valorações, de certo modo as pervertendo, pois lhes retira a abertura. Por exemplo: a liberdade é um valor mas, no discurso dogmático, ela é sempre liberdade, no sentido liberal, conservador, fascista, comunista etc.[17]

A ideologia atua, no discurso dogmático, como elemento estabilizador. Valorando os próprios valores ela os fixa, quer justificando sua função modificadora, quer modificando sua função justificadora. Com isso, a ideologia mesma exerce a função importantíssima de organizar os valores, possibilitando sua sistematização, a construção de hierarquias, o que, em última análise, significa a possibilidade de integração de interesses e de sua realização, bem como a possibilidade de sistematização do próprio discurso dogmático. Por-

---

[17] Cf. Umberto Eco, cit., p. 83 ss.

184 Função Social da Dogmática Jurídica • Ferraz Jr.

tanto, a ideologia – isto é, a avaliação ideológica – constitui, por assim dizer, uma pauta de segundo grau, pressupondo a existência dos próprios valores. Ela calibra o sistema dogmático na medida em que só por ela é possível determinar, num contexto dado, que tipo de integração ou unidade deve possuir ele como um todo, para que suas proposições constituam cadeias válidas e, em consequência, que tipo de autoridade doutrinária deve ser presumida como legítima. Assim, por exemplo, máximas do tipo "ninguém deve permitir obter-se proveito de sua própria fraude ou tirar vantagens de sua própria transgressão" são inspiradas em considerações que têm seu fundamento em avaliações ideológicas como as que afirmam o primado universal da ordem, da justiça enquanto valor social. Com isso, a Dogmática, ao interpretar, decide de certo modo sobre a validade e efetividade de testamentos, contratos e outros atos jurídicos, confirmando-lhes, alterando-lhes, suprimindo-lhes a força obrigatória.[18]

Assim, temos uma ideologia sempre que ocorre uma neutralização de valores, ou seja, as ideologias são sistemas de valorações encobertas. Podemos encobrir valorações quando, por exemplo: (a) substituímos fórmulas valorativas por fórmulas neutras, como ocorre com a noção de norma fundamental em Kelsen, termo que encobre valorações fundamentais, dando ao sistema jurídico a imagem de um sistema formalmente objetivo; ou (b) quando escondemos a presença inevitável do emissor de uma valoração, dando a

---

[18] Neste sentido nos fala, por exemplo, Rupert Schreiber, na *"validade ideal"* das normas jurídicas, como uma das formas de validade com que elas se apresentam, entendendo por ela o caso em que uma norma passa a ser reconhecida como vigente na medida em que é proposta por um autor como solução geral para um conflito de interesses. Ver *Die Geltung von Rechtsnormen*. Berlin, Heidelberg, New York, 1966, p. 66 ss.

impressão de que se trata de uma proposição sem sujeito, caso de expressões do tipo: ideia de Direito, fontes de Direito.[19] Neste sentido, como observa Rupert Schreiber,[20] a Dogmática Jurídica se vale de procedimentos específicos, como o recurso ao argumento de autoridade representado por certos autores de nomeada, que são usados de modo deslocado do seu contexto teórico, jogando o pensamento de um lado para o outro e criando a impressão de que as conclusões decorrem dos autores citados, quando, na verdade, elas resultam das valorações camufladas daquele que argumenta. Ou, também quando se neutraliza uma escolha no estabelecimento de objetivos; o que ocorre pelo uso de expressões abertas e vazias como "bem comum", "ordem legal", "ordem constitucional", dando a impressão de que se trata de situações objetivas que existem na sociedade, abstração feita de seus membros. Ou quando, ainda, encobrimos as relações fins/meios, afirmando por exemplo que o processo sem uma teoria geral das condições do processo não subsiste.

Portanto, no discurso dogmático, podemos discriminar, entre outros, os seguintes focos de significação da avaliação ideológica. *Primeiro*, ela indica propriedade fundamental, núcleo básico, característica essencial, e se manifesta, por exemplo, pelo princípio da divisão de poderes, na inamovibilidade dos juízes etc.; *segundo*, ela, assim, estabelece guias ou orientações gerais capazes de expressar generalizações de redundâncias observadas na aplicação do Direito, por

---

[19] Ver, por exemplo, Olivecrona e a noção de norma como imperativo independente (*freistehend*), in *El derecho como hecho*. Buenos Aires, 1959, apêndice, p. 184.

[20] Rupert Schreiber, *Allgemeine Rechtslehre*. Berlin, Heidelberg, New York, 1969, p. 66.

186 Função Social da Dogmática Jurídica • Ferraz Jr.

exemplo, o princípio de ausência de responsabilidade sem culpa, o da boa-fé, o da responsabilidade objetiva; *terceiro*, ela nos mostra as fontes geradoras, as causas, as origens, valorando diretamente certos juízos de valor reconhecidos, ligando-os, por exemplo, à consciência jurídica popular, ao espírito do povo etc.; *quarto*, ela determina finalidades, propósitos, metas do sistema, permitindo o controle da *mens legis* e sua interpretação; *quinto*, ela responde pela constituição de premissas, postulados, pontos de partida da argumentação jurídica, identificando certos requisitos que a ordem jurídica deverá obedecer, como o caráter geral das normas, a sua irretroatividade, sua clareza, sua não contraditoriedade e a exigência de promulgação, fornecendo uma determinação das chamadas regras práticas de conteúdo evidente, regras éticas inquestionáveis.

A ideologia atravessa, pois, em vários planos, a Dogmática Jurídica. Consequentemente, ela cria condições para a realização de suas funções sociais. A assimilação de pontos de vista ideológicos propicia o encobrimento dos problemas na medida em que faz com que certos conflitos não sejam vistos como problemas. Isso é típico nos casos de preenchimento de lacunas, quando certas situações passam do plano do proibido para o plano do permitido. Assim, por exemplo, a percepção, num momento histórico, de que a proteção ao concubinato também era uma exigência de justiça, inerente ao ordenamento (pois a concubina afinal partilha com o seu parceiro de sucessos e fracassos comuns), só tem sentido quando o universo de expectativas ideológicas referentes ao sentido monogâmico da família sofre conturbações. Antes disso, a ideologia vigente não autorizava o jurista a ver a situação da concubina como um problema, ainda que os conflitos daí resultantes transparecessem. De certo modo, portanto, a ideologia não só esconde os problemas como, também, neutraliza a busca de soluções para eles.

Entretanto, não é apenas ao nível da percepção dos problemas e suas soluções que a ideologia aparece, mas, também, na própria discussão metodológica da Dogmática. As disputas em torno da logicidade do método – inevitabilidade das valorações, racionalidade própria – deixa transparecer uma certa agressividade de fundamento ideológico contra o rigor lógico.[21] Assim como as posições da Jurisprudência dos Conceitos ou da Escola da Exegese representavam exigências contidas numa concepção liberal do Direito, também as posições mais flexíveis da Jurisprudência, dos Interesses ou das escolas sociológicas não deixam de manifestar concepções humanistas, solidaristas, caso em que a inconsistência lógica de certas deduções é vista como um valor positivo e não como um desvalor. Daí o aparecimento de aforismas do tipo: "O Direito não é lógico" ou "A vida não se deixa aprisionar em fórmulas rígidas", os quais garantem aos procedimentos metódicos da Dogmática uma certa independência em relação ao rigor lógico, como condição mesma de desempenho de suas funções sociais.

Esse caráter ideológico da Dogmática faz com que seu discurso não se confunda com as sistematizações e regularidades empíricas do comportamento, nem com generalizações dessas regularidades, nem, ainda, com um conjunto de regras de natureza lógico-formal. Ao contrário, por ser ideológico, ele atua como um elemento calibrador do próprio Direito, como uma estrutura de controle de comporta-

---

[21] Ver Wolfgang Gast, *Rechtserkenntnis und Gewalt strukturen*. Berlin, 1975, p. 118 ss.

188 Função Social da Dogmática Jurídica • Ferraz Jr.

mentos: um sistema em que cada agente age de certo modo porque os demais agentes estão legitimamente seguros de poder esperar dele um tal comportamento. Podemos indagar, por fim, se atualmente a Dogmática Jurídica não tende, contudo, a constituir um pensamento que, pouco a pouco, se libera da ideologia. Poder-se-ia argumentar, por exemplo, que o mundo jurídico da sociedade industrial apresenta instituições tecnificadas, construídas é verdade com o auxílio de ideologias, mas capazes de funcionar sem uma referência ideológica. Nesse sentido, a Dogmática tenderia a livrar-se aos poucos das justificações ideológicas, tornando-se uma construção de engenharia social com regras manejadas independentemente das explicações que lhe deram origem. Essa impressão, todavia, é enganosa, mesmo quando se procura reduzir o trabalho do jurista a um conhecimento técnico das regras de interrelacionamento das normas (como pressupõe o normativismo), pois, nesse caso, conforme observa Viehweg,[22] não estaria ocorrendo uma verdadeira desideologização da Dogmática Jurídica, mas sim uma redução a um mínimo ideológico. A teoria jurídica libertar-se-ia, então, da reflexão ideológica, não porque se teria tornado ideologicamente neutra, porém porque o mínimo ideológico, de antemão posto fora de questionamento, teria sido dogmatizado de modo tecnicamente perfeito.

---

[22] Ver Viehweg, Ideologie und Rechtsdogmatik, in *Ideologie und Recht*, cit., p. 95 ss.

POSFÁCIO

Uma nova "realidade"

Desde a primeira edição deste livro (1978), a dogmática jurídica sofreu inúmeros impactos que acabam por afetar-lhe a estrutura, o desempenho e o exercício de suas funções.

Novos casos e a diversidade de usos ou formas de exploração dos bens "exteriores" (assim chamava Aristóteles os "bens" submetidos à virtude da justiça e aos requisitos da igualdade proporcional na sua distribuição e retribuição) exigem da doutrina e da jurisprudência uma constante reinterpretação das regras que lhes são aplicáveis. Mais do que isso, dada a qualidade das inovações quanto a regimes de exploração e novas formas de difusão através de novas tecnologias, por exemplo, tecnologias de mídia, demandam uma renovada reflexão dogmática até mesmo acerca de sua *natureza* (para usar um velho conceito, integrado no senso comum jurídico: *natureza das coisas*). Percebe-se que, nas discussões doutrinárias a favor de uma ou outra solução normativa para um caso hipotético, os debatedores partem de respostas discrepantes sobre questões centrais como: *o que é o direito? qual o bem protegido? o que é a obra? qual o propósito de sua proteção?*

Veja-se, por exemplo, o que vem acontecendo com a doutrina dogmática do *direito de autor*. A estrutura clássica do direito autoral o coloca como direito de propriedade, notadamente no que se refere à sua exploração econômica.[1] É propriedade no sentido amplo que esta expressão adquire no texto constitucional (qualquer direito patrimonial, ou bem suscetível de valoração econômica). Nas palavras do civilista português José de Oliveira Ascensão, *"[...] há um específico sentido constitucional de propriedade; e esse sentido não coincide com o da propriedade, direito real máximo, que é regulado no Direito das Coisas"*.[2] A propriedade, referida na Constituição brasileira (1988), não se restringe aos direitos reais; abrange também direitos relativos a coisas incorpóreas. E, em face dessa incorporeidade, entende-as como *bens móveis*.

Assim, questão importante a enfrentar passa a consistir no caráter de renúncia ou não aos direitos exclusivos de autor, por exemplo, pelo licenciamento do *software* em regime livre (trata-se da polêmica entre o chamado *software* livre e proprietário). Pois a atividade cognoscitiva nele integrada, desencadeada pela abertura do *software* originário, pode ser vista como um modo de produção alternativo ao modelo tradicional de propriedade e mercado. Como mostra Yochai Benkler, nesse modelo alternativo (*software* livre), que ele chama de *"commons-based peer-production"*, em vez de a produção significar um custo a ser remunerado pela

---

[1]   Cf. Carlos Alberto Bittar, *Direito de autor*. 3. ed. Rio de Janeiro: Forense, 2000, p. 10-11.

[2]   José de Oliveira Ascensão, Princípios constitucionais do direito de autor. *Revista Brasileira de Direito Constitucional*, nº 5, jan./jun. 2005, p. 434.

apropriação exclusiva dos benefícios, os custos de contratação de programadores e teste do programa são reduzidos a zero havendo ainda suficiente motivação (dado o grande número de participantes) para os agentes desenvolverem a atividade produtiva.[3]

Isso repercute na percepção da obra como manifestação da personalidade do criador *versus* as novas tecnologias. Mormente quando o ato criador não é de um *sujeito/persona*, mas de um programa (*software*) capaz de engendrar outro: coloca-se um algoritmo diante de outro e eles engendram um terceiro.

Assim, se desde o século 19 até quase o final do século 20 se entendeu o processo criativo como marcado pela personalidade do autor, hoje as criações exigem versões e atualizações, ou por força do processo interativo (Internet), ou criação de obras derivadas (tecnologia *multimídia*: texto + imagem + desenhos + sons + fotos + programas/*software*).

A bem dizer, não só o homem, mas *a própria máquina "cria" obras de "natureza" estética, donde um direito de autor sem autor*: de quem é a autoria? Do criador do programa?

Surge, assim, em lugar da personalização, o caráter funcional da obra e, em consequência, a despersonalização: o que determina a obra não é a autoria pessoal, mas a função por ela exercida.

Daí, por exemplo, a necessidade de um esforço para identificar sistemas globais de identificação de conteúdos

---

[3] Benkler, Yochai, Coase's Penguin, or Linux and the nature of the firm. *Yale Law Journal*. Disponível em: <http://www.benkler.org/CoasesPenguin.PDF>.

192 Função Social da Dogmática Jurídica • Ferraz Jr.

(*dados*) protegidos, como é o caso da chamada *tatuagem* (tipo de marca ou sinal) para a possibilidade de fazer o *download* de um arquivo.

Assim, o "bem" cultural não é objeto independente do criador ou daqueles que a ele têm acesso. Ele *é* em relação comunicativa. Daí a sua compreensão como um bem necessariamente social. Mas não *social* em termos de interação individual (indivíduos nucleares), porém em termos de sistemas de acesso comunicacional que só têm uma finalidade social no sentido de promoção do acesso *virtual* à cultura: como um bem social, ele *é* apenas na dimensão do <u>acesso</u> (*acessar*).

Isso problematiza o conceito dogmático de *originalidade*, problematização visível no caso da multimídia. Não se trata, também, da *qualidade* de uma *substância* – a obra –, mas de uma referência funcional da obra, ela própria percebida como função na tríade *autor/obra/público*. Daí a configuração do ineditismo, com referência à decisão central de divulgar ou não a criação intelectual, ou seja, de torná-la ou não *obra*. Pela lei, somente ao criador é dado iniciar a tríade, ou seja, o *direito "de conservar a obra inédita"* (na Lei nº 9.610/98 – Lei de Direitos de Autor –, art. 24, III). A rigor, porém, nessa percepção *funcional*, é a criação que se resguarda inédita, a obra só existe na relação com o público.

O que afeta a noção dogmática de *exclusividade*: direito de uso exclusivo *versus* disponibilização virtual.

Aqui também a relação comunicativa instaurada é regulada de forma a resguardar o autor contra atos do público, como o direito de se opor a qualquer ato que possa afetar a integridade da obra de forma a afetá-lo em sua reputação ou honra (art. 24, IV). Na verdade, a funcionalização da *ex-*

clusividade faz perceber que uma regra importante para essa relação comunicativa está na garantia de manifestações posteriores do autor, pela obra, como o direito de *"modificar a obra, antes ou depois de utilizada"* (art. 24, V). Ora, nessa relação, também o público é resguardado. Assim o direito do autor de interromper a relação comunicativa, vedando o acesso do público ao *"retirar de circulação a obra ou de suspender qualquer forma de utilização já autorizada"* é condicionado a uma justificação calcada em seu direito à honra, ou seja, a interrupção da relação, pelo autor, que tem uma situação privilegiada para emitir univocamente sua vontade na comunicação, em relação ao conjunto de indivíduos indefinidos componentes do "público", a qual somente é admitida *"quando a circulação ou utilização implicarem afronta à sua reputação e imagem"* (art. 24, VI).

Esta última regra é claramente voltada para a proteção do *direito* ao *acesso* do público à obra. O que, por sua vez, se vê afetado, problematicamente, pelo conceito de uso privado no caso do *download*.

Trata-se do *acesso* como faculdade a ser controlada. Veja-se, por exemplo, a relação do provedor no equilíbrio entre direito de propriedade e direito de utilização pública.

A esse respeito, vale indicar que a Lei brasileira de Direito de Autor (Lei nº 9.610/1998), na esteira da dogmática tradicional, estabelece que *"os direitos autorais reputam-se, para os efeitos legais, bens móveis"* (art. 3º).

Ora, é sabido que o crescente uso da computação e a consolidação da rede mundial de computadores alteraram de forma profunda as possibilidades de comunicação entre indivíduos e corporações privadas e públicas, com consequências para o direito subjetivo de propriedade do autor. Na verdade, essas alterações nas relações sociais geram a percepção de que o poder e a liberdade de criar bens intelectuais passam a depender das possibilidades de acesso e controle dessas novas tecnologias e das informações nelas veiculadas.

A partir dessa percepção, dois temas tornaram-se fundamentais nas chamadas *sociedades de informação*: de um lado, com relação à informação veiculada, a liberdade individual perante o controle de informações e a necessidade de universalização do acesso à nova informação e, de outro, com relação ao veículo de informação, como promover e divulgar o conhecimento tecnológico. Ambos os temas, ligados à política informática, guardam estreita relação com o direito, tanto como causa de transformações na ordem jurídica, quanto como resultado dessas transformações. O tema da liberdade no espaço virtual da rede de comunicações[4] merece, pois, uma reflexão, o que acarreta imediatas repercussões em noções tradicionais da dogmática jurídica.

Percebe-se aí a presença de um novo conceito-chave: o de *acesso*, donde uma nova percepção da liberdade. E, por consequência, uma alteração significativa na percepção jurídica de *direito* subjetivo.

Direito Subjetivo: conclusão virtual

A noção clássica de direito subjetivo foi construída, tipicamente, sobre três fatores: (i) um privilégio ou vantagem

---

[4] Tercio Sampaio Ferraz Jr., A liberdade como autonomia recíproca de acesso à informação. In: GRECO, Marco Aurélio; MARTINS, Ives Gandra da Silva (Org.). *Direito e internet*: relações jurídicas na sociedade informatizada. São Paulo: Revista dos Tribunais, 2001, p. 241-248.

Posfácio **195**

exclusiva de seu detentor ao qual se opõe um dever de outro ou de todos os demais; (ii) a competência ou poder de alteração dessa situação jurídica; (iii) a competência para iniciar procedimentos mediante a violação desses deveres por outros.

Esses traços típicos do direito subjetivo têm por base a noção de liberdade tal como concebida pelo liberalismo econômico fundado na livre iniciativa e no livre mercado e no qual o Estado possuía um papel apenas protetor dessas liberdades. A liberdade dentro dessa concepção tem um duplo sentido: de não impedimento e de autonomia. No sentido negativo, de não impedimento, a liberdade tem uma conotação de resistência, ser livre é garantir um espaço de ação que resiste à ação livre dos outros. Mas a liberdade aparece também em um sentido positivo de autonomia, de poder se determinar para algo e através da vontade fazer valer essa determinação perante outros.

O resultado dessa liberdade, construída desde a era moderna, é a abertura de oportunidades para que o indivíduo empregue seus bens no mercado, sem limitações externas. De fato, essa liberdade passa a se exercer através dos bens e dos direitos sobre esses bens, daí a noção de privilégio ou vantagem (i). Daí também a proteção do Estado contra violações a esses privilégios, através da iniciação de determinados procedimentos (ii). A autonomia é institucionalizada na figura do contrato, que se reflete na construção do direito subjetivo como o poder de disposição dos direitos (iii).

Essa construção dogmática do direito subjetivo pauta--se por regras que atribuem deveres e competências aos indivíduos. Mas é preciso ter em mente que o mesmo constitui uma construção, que instrumentaliza essas regras. Não

196 Função Social da Dogmática Jurídica • Ferraz Jr.

é fácil, no contexto atual, sustentar que o direito subjetivo constitua uma entidade ou substrato distinto das regras, ou contenha uma essência que consistiria naqueles três traços típicos.

Assim, a noção típica de direito subjetivo atende a uma determinada concepção de liberdade, que obviamente sofreu e continua a sofrer mutações. Com essas mutações, altera-se a ordem jurídica ou a interpretação da ordem jurídica, o que permite uma reinterpretação da própria noção de direito subjetivo tendo a concepção de liberdade subjacente como um lugar comum (topos) que orienta essa interpretação.[5] Assim, não há propriamente uma unidade substancial do direito subjetivo, mas situações jurídicas nas quais o conjunto de regras aplicáveis permite falar em direito subjetivo com seus traços típicos ou com traços atípicos, com relação à sua construção na era moderna.[6]

No âmbito da sociedade de informação, a noção clássica de liberdade como espaço de ação não restrito pela liberdade dos outros, que se manifesta sobre bens cujo uso exclui o uso dos outros, tende a sofrer uma revisão. Na verdade, atira-nos a um limite de abstração, cujo conceito parece ir além de um uso alternativo atípico. No campo informático, dada a inexistência de limitação física, tratamos de bens (informação e conhecimento), cujo uso por alguém não exclui o uso por outro. De fato, chega mesmo a ser conceitualmente impossível delimitar esse "alguém". Nem mesmo como um "sujeito coletivo". Ou seja, aquele espaço de ação pode

---

[5] Para uma análise da evolução histórica da noção de liberdade e de direito subjetivo ver Tercio Sampaio Ferraz Junior, Direito e liberdade. In: _____. *Estudos de filosofia do direito*. 2. ed. São Paulo: Atlas, 2003, p. 75-132.

[6] Cf. Alf Ross, op. cit. p. 172 ss.

continuar livre independentemente da ação dos outros. Mais do que isso, nessa esfera, o espaço de ação para o sujeito é relevante na medida em que lhe permite se *comunicar* com os outros. O *ciberespaço*,[7] por exemplo, somente se constrói na medida em que cada espaço de ação de cada sujeito é voltado para a comunicação com os outros, sem a qual o próprio ambiente perde sentido. Não é propriamente "espaço" como *res materialis* ou mesmo *immaterialis*. Embora não nos retire do espaço no qual vivemos, culturalmente o supera.

Vivenciamos, por certo, diversos usos para a palavra *espaço*: geográfico ou territorial, espaço nos sentidos da física, espaço como ambiente social, religioso, espaço normativo (por exemplo: *domicílio* em oposição a *residência, jurisdição*), espaço político (nacionalidade). No uso comum, esses usos interagem, o que nos permite lidar com os espaços categorialmente. O chamado ciberespaço, nesse contexto, parece liberar-nos das amarras territoriais, das jurisdições normativas ou políticas (espaço livre de direito), da finitude de um *lugar*, ao lançar-nos na ubiquidade virtual, que afeta o tempo em termos de simultaneidade/velocidade. O que faz com que negócios jurídicos sejam efetuados sem presença física simultânea e, não obstante, com vontades confirmatórias simultâneas: *speedier and speedier webs the spider its spiderweb around the world.*[8]

A partir dessa percepção da alteração da concepção da liberdade no campo informático, cujo exercício se dá numa

---

[7]   Essa expressão apareceu pela primeira vez num livro de ficção científica de William Gibson.

[8]   *Süddeutsche Zeitung (18.07.1995)*, citado por Flechsig, Norbert (*immer schneller webt die Spinne ihr Netz um die Welt*) *in* Rechtsprobleme internationaler Datennetze, Becker, Jürgen, Nomos, Baden-Baden, 1996, p. 57.

198 Função Social da Dogmática Jurídica • Ferraz Jr.

relação de reciprocidade, Wolfgang Hoffmann-Riem defende que *"o direito à auto-determinação informacional é, em consequência, não um direito de defesa privatístico do indivíduo que se põe à parte da sociedade, mas objetiva possibilitar a cada um uma participação em processos de comunicação. Outros [seres humanos] constituem o âmbito social, em cujas lindes a personalidade de cada um se expande: a autonomia, e não a anomia, do indivíduo é a imagem diretora da Constituição. A autonomia deve ser possível em espaços vitais socialmente conectados, nos quais a liberdade de comunicação – ou melhor: a liberdade em comum – não pode ser orientada para um conceito limitador da proteção à expansão egocêntrica, mas deve ser entendida como o exercício da liberdade em reciprocidade. Esta liberdade não é ser livre dos outros, mas liberdade por intermédio dos outros."*[9]

Na verdade pode-se ir além, pois altera-se desse modo o antigo princípio acolhido pela dogmática jurídica, segundo o qual a dignidade humana está centrada na liberdade individual e a liberdade de um termina onde começa a liberdade do outro. Com efeito, no ambiente onde a comunicação e a reciprocidade são meios para a realização individual, a dignidade centra-se no viver em livre comunicação com o outro. E aqui falamos de "meios" não como *"instrumento"*, mas como *"ambiente"*. Assim, a liberdade na sociedade de informação poderia ser bem captada pela fórmula "a liberdade de um começa onde termina a liberdade do outro".[10] Com base nessa liberdade, o sujeito de direito é pensado não como

---

[9] Wolfgang Hoffmann-Riem. Rechtliche Rahmenbedingungen, em *Der neue Datenschutz*, Helmut Bäumler (org.) Neuwied/Kriftel, Luchterhand, 1998, p. 13.

[10] Tercio Sampaio Ferraz Junior, A liberdade como autonomia recíproca de acesso à informação. In: _____. Direito e internet. São Paulo: Revista dos Tribunais, 2001, p. 241-247.

um agente que domina os bens informáticos, mas como um agente que se comunica *em meio* a esses bens. Enquanto a exploração da propriedade fabricada (mundo das máquinas) se exerce com a exclusão dos demais, a retribuição em função do reconhecimento do valor da autoria digital não se exerce com a exclusão do público, mas parte dele e o pressupõe.

Por exemplo: tome-se uma forma, qualquer algoritmo articulável numericamente; introduza-se essa forma, por meio de um computador, em um *plotter*; preencha-se tanto quanto possível essa forma com partículas; e observe-se: "mundos" surgirão.

Mas com uma diferença importante.

No mundo digital, o bem intelectual ou imaterial ou cultural, seja lá como for chamado, deixa de ser o resultado de um processo em que aquilo que é *dado* é convertido em algo que é *feito*. Nesse processo, a atividade humana desvia (*di-verte*) algo de seu curso natural, para revertê-lo (*re-verte*) em algo fabricado (*con-verte*), para dar-lhe uma aplicabilidade (*ad-verte*) num mercado de trocas (objeto de troca) e utilizá-lo como próprio (objeto de uso). Já no processo digital, trata-se apenas de um *girar* um (pro)*grama* em outro (pro)*grama*.

Novos desafios: uma "função-prognóstico" para a dogmática jurídica

Com sutileza, a dogmática jurídica tenta reagir a esses novos desafios. Veja-se, novamente, o exemplo da exploração chamada "livre" do *software*. Na relação instaurada pela licença de *software* livre, todos os licenciados, *pacientes* do exercício do direito de explorar a obra, são também *agentes*,

200 Função Social da Dogmática Jurídica • Ferraz Jr.

no sentido de que consomem a solução de informática e, ao mesmo tempo, ao menos potencialmente, a produzem e a fazem circular. Ademais, a qualquer integrante da cadeia de licenças é possível buscar a proteção judicial para violações contra esses direitos, ou seja, para a proteção dessa liberdade recíproca. A violação ocorre justamente com a tentativa de apropriação, i. e., de exclusão dos agentes integrantes dessa atividade livre. Tais regras dão ao direito subjetivo uma configuração distinta da clássica: o autor não perde a vantagem de usar o bem, mas essa vantagem deixa de ser um privilégio que exclui o outro, para passar a incluí-lo.[11]

A revolução digital parece, assim, estar destruindo o antigo espaço público. Ortega y Gasset foi superado: na atual revolução das massas – a que ocorre agora – a circunstância se torna *ego* e o *ego* vira circunstância.[12]

Com a substituição da escrita pelo dígito, o mundo de imagens substitui o mundo de conceitos; o espaço público do direito torna-se o espaço da aparência em novo sentido: *show*, espetáculo; a rigor, em vez de *reading, roaming*.[13]

---

[11] Embora haja a possibilidade de exploração *privatística* (exclusiva), essa não é a única forma pela qual é possível se beneficiar da criação intelectual. O benefício pode ser dado pela própria interação de uma série indeterminada de programadores que poderão aperfeiçoar a criação, testando a obra e desenvolvendo-a para solucionar novos problemas e adaptar o programa original a novas necessidades. Por sua vez, nessa comunicação e na propagação do uso do *software* criam-se condições para que aquele conhecimento informático se padronize, o que poderá significar um ganho para o criador na medida em que domina a tecnologia padronizada.

[12] La rebelión de las masas, In: Ortega y Gasset. *Obras completas*, II v., Madrid, 1947, p. 19: *yo soy yo y mis circunstancias*.

[13] Veja-se, por exemplo, a preservação da atividade de informar, representar e negociar, o que, de boa-fé, justifica, numa democracia, a existência de

Em conclusão: para Helmut Coing, no início da década de 1960 (1962), o conceito de direito subjetivo, ainda que não para tudo, parecia indispensável para uma compreensão dogmática do direito privado; nesse sentido, ainda aparecia como essencial para definir a quem a utilidade e o poder de dispor de uma determinada posição jurídica seria transferida, para definir quem é parte legítima, ou seja, a quem cabe o direito, bem como e sobretudo para servir à manutenção da liberdade de cada um na sociedade.[14]

Surgido e elaborado numa concepção dogmática *estrutural* do direito como sistema concatenado de conceitos, o *direito subjetivo*, no mundo informático em que é inerente o sentido comunitário das relações, parece resvalar sutilmente para o sentido de *situação jurídica subjetiva*[15] e daí para posições precárias que o *homo ludens* ocupa *em rede*, mais na direção de uma concepção *funcional*.[16] O que acontece, porém, de uma forma verdadeiramente inquietante. Pois, num mundo em que a quantidade de informações é altamente complexa, a capacidade de uma memória individual supera a situação subjetiva, donde o problema da seleção de informações e da necessária atuação em grupos, compostos de elementos humanos e artificiais.

Ou seja, a revolução cultural trazida pelo mundo digital faz-nos perceber que, aos poucos, antigas e sedimentadas

---

certos limites (*direitos*) à plena instantaneidade de transparência da atividade diplomática, como mostra Celso Lafer em seu trabalho *Vazamentos, sigilo, diplomacia*, em Política Externa, v. 19, nº 4 mar./abr./maio 2011, p. 11.

[14] Zur Geschichte des Privatrechtssytems Frankfurt a/Main, 1962, p. 54.

[15] Duguit, *Traité de droit constitutionel*, 3. ed., tome I, p. 307 ss.

[16] Bobbio, *Dalla struttura alla funzione*, Milano: Edizone di Comunità, 1977.

202 Função Social da Dogmática Jurídica • Ferraz Jr.

noções dogmáticas, como a de *direito subjetivo*, além de deixar de ser "*o* conceito central do direito privado" ("*der* zentrale Begriff *des Privatsrechts*" – von Tuhr: 1910 – *apud* Coing), não é mais capaz de lidar com essa desintegração em pedaços (*bits*) da estrutura íntegra das coisas. Pois a revolução cultural e, nessa extensão, *jurídica*, que nos torna aptos a construir universos alternativos e paralelos ao mundo supostamente *dado*, nos converte de *sub-jecti* – indivíduos únicos – em *pro-jecti* de vários mundos.

A tecnologia hodierna, voltada para a elaboração de informações, apaga, assim, as diferenças entre o normal e o normativo, em favor do regulador. Tudo é uma questão de regulação. Não no sentido de *regula*, regra-padrão, mas de *bula farmacêutica, instrução de uso, mode d'amploi, Gebrauchsanweisung*. Com seu celular na mão, cada um "deve ser" como sua máquina instrui.

Uma nova homologia passa a vigorar entre o modelo da sociedade e a nova ideia de virtualidade.

O advento da sociedade pantécnica/digital, como lugar da realização da **técnica informática**, está na origem da nova cisão – contemporânea – entre: *ethos* e *nómos*, liberdade e lei, que se exprimem não só nas diversas formas de positivismo ético e jurídico, como também numa separação angustiosa entre técnica e direito, que faz a elaboração dogmática pesar sobre o pensamento jurídico hodierno como um desafio quase trágico.

Isto é: de um lado, como a ideia de bem se torna relativa à perspectiva dos indivíduos informáticos, o subjetivismo da vontade se separa e se contrapõe ao objetivismo do bom-senso: é a confusão entre senso comum e circulação de informações ("chat").

De outro, a vinculação às normas do direito, da moral ou da religião ou de qualquer instância superior restringe-se à esfera das decisões de um espetáculo coletivo, separando-se da vinculação objetiva às normas do legislador enquanto representante da vontade do povo: **é a vinculação à "moral" do espetáculo, mediante um *"código"* de regras instrumentais e procedimentos técnicos (*software*).**

Diante disso, as funções sociais da dogmática jurídica, fundadas na sistematização normativa, na interpretação e na subsunção, são, aos poucos, sobrepujadas, pois os julgadores (juízes, árbitros, administradores judicantes) não aplicam apenas a legislação, mas fazem constantes referências a princípios jurídicos, cláusulas gerais etc. Antes, princípios eram invocados para integrar o direito, isto é, apenas nos casos de lacunas (nesse sentido deles fala a nossa *Lei de Introdução*). Agora, parece que o julgador tem uma liberdade muito maior para reconstruir e até *construir* o direito, que antes era assumido como um dado (o juiz como *homo ludicus*). Mesmo porque o rol de princípios admitidos não se limita a princípios expressos na legislação ordinária e constitucional, mas são "descobertos" a partir das exigências decisórias. Não que isso não ocorresse no passado. Mas era algo revelado pela dogmática jurídica por força de exigências sistematizadoras do material obrigacional contido no ordenamento. E não pela jurisprudência como suporte direto da decisão do caso concreto.

Em consequência, passamos da centralidade da lei para a centralidade da jurisdição, jurisdição entendida em sentido amplo: os *tribunais judiciais, tribunais de arbitragem, agências administrativas com poder judicante (com tribunais e conselhos administrativos), órgãos da administração direta* (que dizem o direito por meio de sentenças, acórdãos, decisões interlocutórias, resoluções, pareceres normativos).

Por isso a tensão se desloca do legislador/doutrina dogmática para juiz/doutrina dogmática. O problema da aplicação, da justificação da decisão jurídica alcança uma importância inédita (de se lembrar que em boa parte do século 19 a motivação da sentença nem era uma exigência, sendo inúmeros os exemplos de sentenças sem motivação). Os problemas da identificação do direito e da sua interpretação passam a gravitar em torno das justificações da decisão, que são transformadas em *argumentos* ao lado dos *fundamentos legais*: a própria lei deixa de ser fundamento, torna-se argumento e até em desvantagem em face de princípios, finalidades e valores. E um sintoma disso é a assimilação do conceito de interpretação à argumentação.

Existe hoje uma vasta literatura (Dworkin, Alexy, Carlos Nino, Zagrebelsky, Atienza, Troper etc.) que, a partir de uma crítica ao positivismo analítico e sua exclusão das justificações morais da argumentação jurídica, propõe, ao contrário, que os saberes dogmáticos e as técnicas jurídicas, por óbvio, não conseguem conviver com essa exclusão, sobretudo no terreno constitucional.

Surge daí um *ativismo judicial, principialista e argumentativo*, de clara matriz anglo-saxônica, que não só parte para um ataque à argumentação positivista (que separa direito e moral e despe os argumentos de sua carga moral para lhes dar uma carga de mera eficiência técnica), mas se endereça também para uma concepção da dogmática jurídica que vem transformando sua função social.

Aqui entra então, em discussão, o que, na esteira de Max Weber e, mais recentemente de Habermas e Luhmann, pode ser chamado de "matriz de racionalização", cujo cerne está na substituição do conceito de ação (e sua inserção na esfera jurídica da liberdade) pelo conceito de comunicação. Com isso, ganham-se condições para inserir, na dogmática jurídica, questões da prática da regulação, expondo, de um lado (Habermas), sérios problemas de legitimação e, de outro (Luhmann), soluções supostamente mais apropriadas para o entendimento das transformações sofridas pela modernidade acossada pela sociedade tecnológica, na qual o direito perde suas características de uma ordem pré-constituída (Constituição, legislação), para transformar-se numa estrutura sem um centro organizador, por força da circularidade das relações comunicativas.[17]

Com isso observa-se, afinal, uma progressiva substituição da antiga função dogmática de mediação ordenadora entre o passado e o presente, por uma espécie de *"função-prognóstico"*, capaz de lidar com a necessidade de aumentar a variedade de pontos de vista surgidos do caso a decidir, legitimando a ponderação de benefícios, interesses, tendo em vista suas consequências.[18]

---

[17] Cf. Orlando Villas Bôas Filho, *Teoria dos sistemas e o direito brasileiro*, São Paulo, 2009.

[18] Cf. Niklas Luhmann, Legal Argumentation: An Analysis of its Form, in *The modern law review*, volume 58, May 1995, n⁰ 3, p. 294, 295.

CONCLUSÃO

Nossa intenção, no curso deste trabalho, foi ressaltar as funções sociais da Dogmática Jurídica, procurando mostrar tanto a sua atuação social e sua importância quanto, de certo modo, suas limitações. A Dogmática, neste sentido, foi vista como social em dois níveis: como dependente da ação dos fatores do meio, que nela se exprimem em graus diversos de sublimação e enquanto produzindo sobre os indivíduos um efeito prático, modificando sua conduta e concepção do mundo ou reforçando neles o sentimento dos valores sociais.[1] A Dogmática Jurídica, na forma em que a conhecemos desde o século 19, não existiu sempre, mas resultou de uma complexidade social crescente no Ocidente, que forçou uma complicação na relação de aplicação do Direito. Seu aparecimento coincide com o fenômeno da positivação do Direito, que tornou contingente a relação de aplicação. Essa contingência significou um aumento de conflitos de expectativas controláveis pelo Direito. Um Direito que troca seus

---

[1] Sobre esses dois níveis, ver Antônio Cândido, *Literatura e sociedade*. São Paulo, 1965, p. 23 ss.

dogmas por posição é, sem dúvida, mais maleável. Tal maleabilidade, contudo, tornou-se um fator de instabilidade, que competia à Dogmática balizar. Seu desenvolvimento, se de um lado evitou que o reconhecimento das normas positivadas pelo legislador ou pelo órgão competente impusesse, ao aplicador do Direito, a aplicação passiva dos enunciados normativos,[2] de outro, também permitiu que, no interesse das decisões, onde a norma fosse vista corno condição da decisão, não houvesse decisão sobre a norma. Em outras palavras, a Dogmática se revelou como um instrumento importante no alargamento da possibilidade de solução de conflitos, sem rompimento nem com o princípio da vinculação aos dogmas, nem com a exigência de decisão de conflitos – proibição de *non liquet*.

No entanto, isso não quer dizer que a Dogmática tenha conquistado um lugar definitivo no mundo jurídico. Questiona-se, atualmente, se o papel por ela exercido atende à complexidade social que temos. Fala-se em crise,[3] em desfiguração do papel do jurista, exige-se a atualização do pen-

---

[2] Ver Miguel Reale, *O direito como experiência*. São Paulo, 1968, p. 139.

[3] Ver, por exemplo, todo o curso sobre a Crise do Direito, promovido pela Faculdade de Direito da Universidade de Pádua, em 1951, especialmente as comunicações de Giuseppe Capograssi, La ambigüedad del derecho contemporaneo; Piero Calamandrei, La crisis de la justicia; Francesco Carnellutti, La muerte del derecho; e Giacomo Delitala, La crisis del derecho en la sociedad contemporanea, todas incluídas no volume *Crisis del derecho*. Buenos Aires, 1961. Ver, ainda, Anacleto de Oliveira Faria, O direito e a crise do mundo moderno, Cap. I da tese de doutoramento *As alterações do contrato de locação de imóveis residenciais urbanos no direito brasileiro*. São Paulo, 1963, edição da Faculdade de Economia e Administração da USP. Ver, ainda, Goffredo Telles Jr., Resistência violenta aos governos injustos, trilogia de artigos publicados no jornal *O Estado de S.Paulo*, 29 e 30.6 e 6.7.1955.

208 Função Social da Dogmática Jurídica • Ferraz Jr.

samento e do ensino jurídicos.[4] Estaremos vivendo, nesse sentido, um momento de transição e de superação do pensamento dogmático? A sociedade moderna, sobretudo a dos países industrializados e em vias de desenvolvimento, cresce em complexidade,[5] tanto no sentido quantitativo de que o crescimento demográfico é um problema de vital importância para a humanidade, quanto no sentido qualitativo de que a ciência e a técnica aumentam as possibilidades, as motivações conscientes. Inconscientes e subconscientes, as explicações, os favorecimentos e os impedimentos da ação humana. Essa complexidade exige da teoria jurídica uma complicação interna, capaz de manter suas funções. O que se nota, contudo, é que a expansão conceitual da Dogmática parece estar encontrando alguns limites de difícil transposição.

Sendo um modo de pensar onde o horizonte do passado predomina sobre o do futuro, já pela orientação conforme o princípio da inegabilidade dos pontos de partida, a introdução, no rol de seus problemas, de questões onde o horizonte do futuro venha a predominar cria uma certa instabilidade de difícil solução dentro dos quadros tradicionais. Por exemplo: a pressão para que se considerem dentro da noção de responsabilidade penal os dados advindos da Psiquiatria, da Psicanálise e da Sociologia Criminal, lança sobre aquela no-

---

[4] Ver, nesse sentido, F. C. Santiago Dantas, A educação jurídica e a crise brasileira, aula inaugural dos cursos da Faculdade Nacional de Direito, proferida em 1955, *Revista Forense*, 1959; e, do mesmo autor, *Discurso pela renovação do direito*. Coleção Nova Dogmática Jurídica. Rio de Janeiro, 1942.

[5] Ver Wolfgang Friedmann, *Law in a changing society*. Harmondsworth, 1972; Reinhard Bendix, *Max Weber*: an intelectual portrait. Buenos Aires, 1970; Anacleto de Oliveira Faria, *O problema da igualdade jurídica*. São Paulo, 1973; Goffredo Telles Jr., *O direito quântico*. São Paulo, 1972, cap. VI.

ção uma série de projeções futuras de alta incerteza, o que se pode perceber, numa certa dificuldade encontrada pelos penalistas em absorver o conceito de periculosidade, que se refere não ao que o indivíduo fez, mas às suas virtualidades. Pois punir alguém pelas suas virtualidades é algo que parece ferir os princípios dogmáticos tradicionais, como o de que não há culpa sem crime.[6]

Para solucionar as dificuldades localizadas numa complexa ampliação do horizonte futuro, a Dogmática tem acentuado o grau de abstração da sua conceitualidade. Em outras palavras, com o aumento de incertezas, uma resposta tem sido aumentar o nível de abstração. Por exemplo: dada a injunção de novas situações ditadas pelo crescimento da intervenção do Estado no domínio econômico, a Dogmática Jurídica procura conceitos mais abertos, capazes de explicar a quebra de hierarquias normativas comum no Direito Econômico que parece revolucionar os velhos princípios da legalidade e da constitucionalidade.[7] A propósito, note-se o que sucede com o conceito de Estado de Direito surgido em oposição ao antigo Estado policial no contexto da administração pública.[8] O conceito, sabidamente, se funda no pre-

---

[6] Cf. H. L. A. Hart, *Punishment and responsibility*. Oxford, 1970; Eduardo A. Rabossi, *La justificación moral del castigo*. Buenos Aires, 1970.

[7] Ver, por exemplo, Wolfgang Friedmann, *The state and the rule of lawin a mixed economy*. London, 1971; Fábio Konder Comparato, O indispensável direito econômico. *Revista dos Tribunais*, ano 54, v. 353, mar. 1965, p. 14-26; Miguel Reale, *Política de ontem e de hoje*. São Paulo, 1975, p. 1 ss. e 45 ss.; Roberto Mangabeira Unger, *Law in modern society*. New York, 1976, p. 47 ss. e 134 ss.

[8] Ver Detlef Merten, *Rechtsstaat und Gewaltmonopol*. Tübingen, 1975; Carl Friedrich, *Der Velfassungssta atder Neuzeit*. Berlin, Göttingen, Heideiberg,

210 Função Social da Dogmática Jurídica • Ferraz Jr.

ceito da legalidade, o qual nasceu, justamente, de um imperativo dos tempos modernos.

A partir do século XIX, como dissemos anteriormente, o Direito passou a ser marcado pelo fenômeno da positivação, o qual se caracteriza pela importância crescente da legislação escrita em relação à costumeira, pelo aparecimento das grandes codificações, pela ideia de que as normas jurídicas têm validade quando postas por decisão de autoridade competente, por elas podendo ser mudadas no âmbito da mesma competência. Essa ideia representou uma transformação importante no Direito Ocidental. Antes do século XIX, o Direito era sobretudo ditado por princípios que a tradição consagrava. O que sempre fora Direito era visto como pedra angular do que devia continuar sendo o Direito. Se alguém queria propor uma mudança, tinha de se justificar, pois a própria mudança era vista como inferior à permanência. Vivia-se, assim, numa sociedade relativamente estável, com valores estáveis capazes de controlar, no seu grau de abstração, a pequena complexidade social.

Ora, as crises que culminaram na Revolução Francesa acabaram por inverter essa posição. Numa sociedade tornada complexa, formas difusas de controle são substituídas por instrumentos de atuação mais rápida e efetiva. O predomínio progressivo do Direito positivo, aquele que era posto por decisão, começa a alastrar-se, na medida em que era um instrumento ágil, o qual podia ser modificado ao sabor das necessidades e das mudanças nos valores sociais. Com isso, também, há uma inversão na relação mudança/permanên-

---

1953, esp. a terceira parte; René Marcic, *Vom Gesetzesstaat zum Richtlerstaat*. Wien, 1957, p. 405 ss.

Conclusão **211**

cia. O Direito positivo institucionaliza a mudança, que passa a ser entendida como superior à permanência, e as penadas do legislador começam a produzir códigos e regulamentos que, posteriormente, serão revogados e de novo restabelecidos, num processo sem fim.

Ora, é aí, justamente, que entra o princípio da legalidade, uma vez que a flexibilidade e mutabilidade do Direito positivo geravam problemas. Afinal, se o Direito era ainda um critério básico para a solução dos conflitos da convivência, sua mudança constante acaba sendo sustentada por critérios fluidos, aparecendo a legalidade como um princípio capaz de dar aos sistemas jurídicos dos Estados modernos uma determinada base que, sem ferir as exigências materiais, fosse capaz de lhes dar certos parâmetros. A legalidade, num mundo em que a crença em princípios abstratos (como, por exemplo, do Direito Natural) se desgastava, tornou-se a pedra angular que dava ao Direito e ao Estado aquele mínimo de segurança e de certeza, numa situação em que a mudança era superior à permanência.

No entanto, o Estado de Direito, fundado na legalidade, pressupunha certos equilíbrios constitucionais que deviam ocorrer: (a) entre o poder do Estado e a liberdade dos cidadãos; (b) entre o poder do Estado e os poderes locais; (c) entre os diversos poderes públicos – legislativo, executivo, judiciário.[9] A legalidade, desse modo, fazia-se constitucionalidade. As constituições deviam, assim, prever dispositivos formais capazes de restaurar equilíbrios desfeitos, como as declarações de direitos e suas garantias, estado de sítio,

---

[9]   Cf. André Hauriou, *Derecho constitucional e instituciones políticas*. Trad. J. A. Gonzáles Casa Nova, Barcelona, 1971, p. 674 ss.

distribuição de esferas de competência e regulação da delegação de poderes. Assim, enquanto a sociedade se limitou a uma complexidade reduzida, essa concepção preencheu sua função; entretanto, com a crescente industrialização e com o aumento brutal das possibilidades de ação individual ditadas pelo consequente desenvolvimento técnico, os antigos equilíbrios se romperam numa série de crises, assumindo todos eles o caráter de uma crise global. Quanto ao primeiro equilíbrio, Estado-cidadãos, aumentou a intervenção do Estado exigida pelos segmentos sociais em erupção, e tornada mais fácil pelo desenvolvimento técnico, financeiro, administrativo e político. Porém, ao crescer, o Estado aumentou sua influência sobre a nação sem que isso redundasse em maior participação social. Quanto ao segundo equilíbrio, poder do Estado-poderes locais, a necessidade de planificação como meio de controle da sociedade de massas conduziu a uma enorme centralização do poder; essa centralização afetou o terceiro equilíbrio entre os poderes, provocando a hipertrofia do executivo e gerando uma grave crise: a inibição progressiva dos governantes políticos em favor dos governantes tecnocratas que, por sua natureza, tendo sua autoridade localizada nos seus conhecimentos técnicos, constituem elites avessas ao diálogo, as quais neutralizam qualquer forma de controle político que não seja ditada por razões de competência técnica, de restrito acesso.

Nesse quadro, pode-se perceber quão abstrato tem de ser o conceito de Estado de Direito, levado a um extremo formalismo dada a necessidade de enfrentar complexidade sociopolítica crescente. Por outro lado, porém, esse grau de abstração gera novos problemas, pois o conceito perde a sua funcionalidade, deixando de ser critério para a atuação concreta do Estado na medida em que a sua conceituação formal deixa em aberto inúmeros problemas que apenas ampliam o papel do arbítrio, sem que a Dogmática forneça os parâmetros de controle. Diante de dificuldades desse gênero é que se entreabre a dúvida a respeito do futuro da Dogmática. Estará ela em condições de se adequar ao desenvolvimento da complexidade social? Ou tratar-se-á de um pensamento destinado a se superar por outras formas de racionalidade? Este é, a nosso ver, o grande desafio que enfrenta hoje o jurista, de quem se requer, mais do que nunca, uma imensa dose de criatividade.[10] Sem ser visto como um atendimento a essa exigência de criatividade, nosso trabalho não teve outra intenção senão a de fazer um levantamento das tradicionais estruturas do pensamento dogmático, em confronto com sua atuação social a partir do que se pode conquistar, ao menos, um degrau na visão dos problemas ainda por resolver.

---

[10] Num sentido análogo nos falava Gramsci da necessidade de se modificar o tipo tradicional do dirigente político, este preparado só para a atividade jurídico-formal, integrando a sua cultura segundo as novas necessidades que exigem uma competência técnica muito mais ampla. Ver *Gli intellettuali e l'organizzazione della cultura*. Torino, 1966, p. 99.

BIBLIOGRAFIA

ALBERT, Hans. *Mod ellplatonismus*: der neoklassische Stil desökonomischen Denkens in Kritischer Beleuchtung. In: *Logik der Sozialwissenschaften*. Topitsch, Köln, Berlin, 1965.

_____. *Wertfreiheit als methodisches Prinzip*. In: *Logik der Sozialwissenschaften*. Toptsch, Köln, Berlin, 1965.

ALLEN, J. W. *A history of political thought in the XVIth century*. London, 1961.

ARENDT, Hannah. *Crises da república*. Trad. José Yolkmann. São Paulo, 1973.

_____. *Entre o passado e o futuro*. Trad. Mauro W. Barbosa de Almeida. São Paulo, 1972.

_____. *The life of the mind*. New York, London, 1978. v. I e II.

ARISTÓTELES. *Éthique à Nicomaque*. Trad. J. Tricot. Paris, 1959.

_____. *Les réfutations sophistiques*. Trad. J. Tricot. Paris, 1950.

ARNOLD, Thunnan W. El derecho como simbolismo. In: AUBERT, Wilhelm (Ed.). *Sociología del derecho*. Trad. Júlio Valério Roberts. Caracas, 1971.

ASCENSÃO, José de Oliveira. *As fontes do direito no sistema jurídico anglo-saxão*. Lisboa, 1974.

216 Função Social da Dogmática Jurídica • Ferraz Jr.

AUBENQUE, Pierre. *Le problème de l'être chez Aristote.* Paris, 1962.

_____. *La prudence chez Aristote.* Paris, 1965.

AZEVEDO, Noé. *As garantias da liberdade individual em face das novas tendências penais.* São Paulo, 1936.

BALLWEG, Otmar. *Rechtsphilosophie als Grundlagenforschung der Rechtswissenschaft und Jurisprudenz.* In: LUHMANN, Niklas; ALBERT, Hans; MAIHOFER, Werner; WEINBERGER, Ota (Ed.). *Rechtstheorie als Basisdisziplin der Jurisprudenz.* Düsseldorf, 1972.

_____. *Rechtswissenschaft und Jurisprudenz.* Basel!, 1970.

BARCELLONA, Pietro. *Diritto privato e processo economico.* Napoli, 1973.

BAUMGARTEN, Arthur. *Die Wissenschaft vom Recht undihre Methode.* Tübingen, 1920. 3 v.

BAYER, Gustavo (Org.). *Tecnocracia e ideologia.* Rio de Janeiro, 1975.

BENDIX, Reinhard. *Max Weber:* an intellectual portrait. Buenos Aires, 1970.

BERGBOHM, Carl. *Jurisprudenz und Rechtsphilosophie.* Leipzig, 1892.

BOBBIO, Norberto. *Dalla struttura alla funzione:* nuovi studi di teoria del diritto. Milano, 1977.

_____. *Diritto e Stato nei pensiero di Emanuele Kan.* 2. ed. Torino, 1969.

_____. *Studi per una teoria generale del diritto.* Torino, 1970.

_____. *Sur le principe de légitimité.* In: *Annales de Philosophie Politique.* Paris, 1967. v. 7.

_____. *Teoria del'ordinamento giuridico.* Torino, 1960.

BONNECASE, J. *L' École de L' Exégese en droit civil.* 2. ed. Paris, 1924.

BORUCKA-ARCTOWA, Maria. *Die gesellschaftliche Wirkung des Rechts.* Berlin, 1975.

BOULANGER, Jean. Principes généraux du droit et droit positif. In: *Le droit positif français au milieu du XXe. siècle:* études offertes à Georges Ripert. Paris, 1950. v. I.

Bibliografia **217**

BOURDIEU, Pierre; PASSERON, Jean-Claude. *La reproduction*. Paris, 1970.

BRECHT, Arnold. *Teoria política*. Trad. Álvaro Cabral. Rio de Janeiro, 1965. 2 v.

BUNGE, Mário. *Teoria e realidade*. Trad. Gita K. Guinsburg. São Paulo, 1974.

CALAMANDREI, Piero. La crisis de la justicia. In: VÁRIOS AUTORES. *Crisis del derecho*. Buenos Aires, 1961.

CANARIS, Claus-Wilhelm. *Die Feststellung von Lücken im Gesetz*. Berlin, 1964.

CÂNDIDO, Antônio. *Literatura e sociedade*. São Paulo, 1965.

CAPOGRASSI, Giuseppe. La ambigüedad del derecho contemporaneo. In: VÁRIOS AUTORES. *Crisis del derecho*. Buenos Aires, 1961.

CARDOSO, Fernando Henrique. *Política e desenvolvimento em sociedades dependentes*. São Paulo, 1971.

CARNELLUTTI, Francesco. La muerte del derecho. In: VÁRIOS AUTORES. *Crisis del derecho*. Buenos Aires, 1961.

CARRIÓ, Genaro. *El concepto de dever jurídico*. Buenos Aires, 1966.

_____. *Principios jurídicos y positivismo jurídico*. Buenos Aires, 1970.

CASSIRER, Ernst. *O mito do Estado*. Trad. Daniel Augusto Gonçalves. Lisboa, 1961.

CASTLES, F. G.; MURRAY, D. J.; POTTER, D. C. *Decisions, organizations and society*. Aylesbury, 1975.

COHEN, Felix S. *El método funcional en el derecho*. Trad. Genaro Carrió. Buenos Aires, 1962.

COING, Helmut. Geschichte und Bedeutung des Systemgedankens in der Rechtswissenchaft. Frankfurter Rektoratsrede, 1956. In: *Zur Geschichte des Privatrechtssystems*. Frankfurt/M., 1962.

_____. *Grundzüge der Rechtsphilosofie*. Berlin, 1969.

218 Função Social da Dogmática Jurídica • Ferraz Jr.

COMPARATO, Fábio Konder. O indispensável direito econômico. *Revista dos Tribunais*, ano 54, v. 353, mar. 1965

_____. O *poder de controle na sociedade anônima*. São Paulo, 1976.

CONTE, Amadeo G. *Saggio sulla completezza degli ordinament giuridici*. Torino, 1962.

CORNIDES, Thomas. Arbeitsteilige Normensysteme und ihre Bedeutung für die Rechtstheorie. In: MOKRE, J.; WEINBERGER, O. *Rechtsphilosophie und Gesetzgebung*. Wien, New York, 1976.

CORRÊA, Alexandre. A concepção histórica do direito e do Estado. *Revista da Universidade Católica de São Paulo*. São Paulo, v. 37, fasc. 71-72, jul./dez. 1969.

_____; SCIASCIA, Caetano. *Manual de direito romano*. 2. ed. São Paulo, 1953.

COTTA, Sergio. Élements d'une phénoménologie de la legitimité. In: *Annaales de Philosophie Politique*. Paris, v. 7, 1967.

DABIN, Jean. *El derecho subjetivo*. Trad. F. Javier Osset. Madrid, 1955.

DAHRENDORF, Ralf. *Sociedad y libertad*. Trad. J. Jimenez Blanco. Madrid, 1971.

DELITALA, Giacomo. La crisis del derecho en la sociedad contemporanea. In: VÁRIOS AUTORES. *Crisis del derecho*. Buenos Aires, 1961.

DEUTSCH, Karl. *Politische Kybernetik*: Modelle und Perspektiven. Trad. Erwin Haekel. Freiburg im Breisgau, 1969.

DINIZ, Maria Helena. *A ciência jurídica*. São Paulo, 1977.

DREIER, Ralf. Sein und Sollen. *Juristenzeitung*. Tübingen, 9 jun. 1972.

DREITZEL, Hans-Peter. *Ação racional e orientação política*. In: BAYER, Gustavo (Org.). *Tecnocracia e ideologia*. Rio de Janeiro, 1975.

DUBISCHAR, Roland. *Vorstudium zur Rechtswissenschaft*. Stuttgart, Berlin, Köln, Mains, 1974.

Bibliografia **219**

EASTON, David. *Uma teoria de análise política*. Trad. Gilberto Velho. Rio de Janeiro, 1968.

ECO, Umberto. *A estrutura ausente*: introdução à pesquisa semiótica. Trad. Pérola de Carvalho. São Paulo, 1971.

EIZIRIK. Nelson Laks. *O papel do Estado na regulação do mercado de capitais*. Rio de Janeiro, 1977.

ENGISCH, Karl. *Einführungin das juristische Denken*. Stuttgart, Berlin, Köln, Mainz, 1968.

_____. *La idea de concreción en el derechoy en la ciencia jurídica actuales*. Trad. J. G. Gil Cremades. Pamplona, 1968.

ESSER, Josef. *Grundsatz und Norminder Richterlichen Fortbildung des Privatrechts*. Tübingen, 1964.

_____. *Vorverständnis und Methodenwahl in der Rechtsfindung*. Frankfurt/M., 1972.

FALCÃO NETO, Joaquim de Arruda. Classe dirigente e ensino jurídico: uma releitura de San Tiago Dantas. *Revista da Ordem dos Advogados do Brasil*, 21, v. 8, 1977.

_____. Crise da universidade e crise do ensino jurídico. *Pimes –* Comunicações, Recife, 18, 1977.

FARIA, Anacleto de Oliveira. *Atualidade do direito civil*. São Paulo, 1965. Mimeografado.

_____. *As alterações do contrato de locação de imóveis residenciais urbanos no direito brasileiro*. São Paulo: Faculdade de Economia e Administração da USP, 1963.

_____. *O problema da igualdade jurídica*. São Paulo, 1973.

FARIA. José Eduardo. *Poder e legitimidade*. São Paulo, 1978.

FERRAZ JR. Tercio Sampaio. *A ciência do direito*. São Paulo, 1977.

_____. *Conceito de sistema no direito*. São Paulo, 1976.

_____. *Direito, retórica e comunicação*. São Paulo, 1973.

_____. *Die Zweidimensionalitätdes Rechts*. Meisenheim/Gian, 1970.

220 Função Social da Dogmática Jurídica • Ferraz Jr.

FIKENTSCHER, Wolfgang. *Methoden des Rechts in vergleichender Darstellung.* Tübingen, 1975.

FOUCAULT, Michel. *Les mots et les choses.* Paris, 1966.

FRANÇA, R. Limongi. *Formas e aplicação do direito positivo.* São Paulo, 1969.

_____. *Princípios gerais de direito.* São Paulo, 1971.

FRANKLIN, Julian H. *Jean Bodin and the sixteenth-century Revolution in the methodology of law and hisrory.* New York, London, 1963.

FREIRE, Carlos Coelho de Miranda. *Influência da doutrina jurídica nas decisões judiciárias.* João Pessoa, 1977.

FRIEDMANN, Wolfgang. *Law in a changing society.* Harmondsworth, 1972.

_____. *The State and the rule of law in a mixed economy.* London, 1971.

FRIEDRICH, Carl. *Der Verfassungsstaat der Neuzeit.* Berlin. Göttingen, Heidelberg, 1953.

_____. *El hombre y su gobierno.* Trad. Gonzáles Casanova. Madrid, 1969.

_____. *Perspectiva histórica da filosofia do direito.* São Paulo, 1965.

GADAMER, Hans-Georg, *Wahrheit und Methode.* Tübingen, 1960.

GAST, Wolfgang. *Rechtserkenntnis und Gewaltstrukturen.* Berlin, 1975.

GÉNY, François. *Método de interpretación y fuentes en derecho privado positivo.* 2. ed. Madrid, 1925.

GIANNINI, Massimo Severo. *Diritto amministrativo.* Milano, 1970. 2 v.

GILISSEN, John. Les problèmes des lacunes du droit dans l'évolution du droit médiéval et moderne. In: PERELMAN, C. (Ed.). *Les problèmes des lacunes en droit.* Bruxelles, 1968.

GILMORE, Myron P. *Humanists and jurists.* Oxford, 1963.

GOFFMANN, Erving. *La presentación de la persona en la vida cotidiana.* Buenos Aires, 1972.

GOLDSCHMIDT, Werner. *Der Aufbau der juristischen Welt*. Wiesbaden, 1963.

GRAMSCI, Antonio. *Gli intellettuali e l'organizzazione della cultura*. Torino, 1966.

_____. *Note sul Macchiavelli, sulla politica e sullo Stato moderno*. Torino, 1966.

GRANGER, G. G. *A razão*. Trad. Lúcia e Bento Prado Jr. São Paulo, 1962.

GRAU, Eros Roberto. *Planejamento econômico e regra jurídica*. Rio de Janeiro, 1977.

GRECO, Marco Aurélio. *Disciplina jurídica da poluição*. São Paulo, 1975.

HABERMAS, Jürgen. *Theorie und Praxis*. Neuwied am Rhein, Berlin, 1971.

_____; Luhmann, Niklas. *Theorie der Gesellschaft oder Sozialtechnologie*: was leister die Systemforschung? Frankfurt, 1971.

HART, H. L. A. *The concept of law*. Oxford, 1961.

_____. *Punishment and responsibility*. Oxford, 1970.

HAURIOU, André. *Derecho constitucional y instituciones políticas*. Trad. J. A. Gonzáles Casanova. Barcelona, 1971.

HIPP. *Das Problem der Rechtsgewinnung*. Bad Hombug vor der Höhe, Berlin, Zürich, 1968.

HOFFMANN, Ernst. *Platon*. München, 1961.

HOROWITZ, lnving, *Philosophy, science and sociology of knowledge*. Springfield, 1960.

HRUSCHKA, Joachim. *Das Verstehen von Rechtstexten*. München, 1972.

JAGUARIBE, Hélio. *Sociedad, cambio y sistema político*. Buenos Aires, 1972.

222 Função Social da Dogmática Jurídica • Ferraz Jr.

JELLINEK, Georg. *Teoría general del Estado*. Trad. Fernando de los Ríos. Buenos Aires, 1970.

JHERING, Rudolf von. *Der Zweck im Recht*. 5. ed., 1916.

_____. *Der Geist des römischen Rechts*, 1864.

JOSEPH, U. *Knowledge and good in Plato's Republic*. Oxford, 1948.

JOUVENEL, Bertrand de. *De la souveraineté*. Paris, 1955.

_____. *Du principat et autres réflexions*. Paris, 1972.

KAMLAH, Wilhelm; LORENZEN, Paul. *Logische Propädeurik*. Mannheim, Wien, Zürich, 1967.

KAUFMANN, Arthur. *Naturrecht und Geschichtlichkeit*. Tübingen, 1957.

KELSEN, Hans. Recht und Logik. *Forum*, Wien, 12, 1965.

_____. *Reine Rechtslehre*, Wien, 1960.

KEMPSKI, Jürgen von. *Recht und Politik*. Stuttgart, 1965.

KLINEBERG, Otto. *Psicologia social*. Trad. Maria Lúcia do Eirado Silva, Jane Bouchaud Lopes da Cruz e Olga de Oliveira e Silva. São Paulo, 1959. 2 v.

KOENIG, René. Soziologische Anmerkungen zum Thema, Ideologie und Rechts. In: HIRSCH, Ernst; REHBINDER, Manfred (Ed.). *Studien und Materialien zur Rechtssoziologie*. 2. ed. Opladen, [s.d].

KOSCHAKER, Paul. *Europa und das römische Recht*. München e Berlin, 1966.

KRAFT, Julius. Vorfragen der Rechtssoziologie. *Zeitschrift für vergleichende Rechtswissenschaft*, 45, 1930.

KRAWIETZ, Werner. *Das positive Recht und seine Funkrion*. Berlin, 1967.

_____. Juristische Methodik und ihre rechtstheoretischen Implikationen. In: ALBERT; Luhmann; MAIHOFER; Weinberger (Ed.) *Rechtstheorie als Basisdisziplin der Jurisprudenz*. Düsseldorf, 1972.

KROMPHARDT, Wilhelm; HENN, Rudolf; FÖRSTNER, Karl. *Lineare Entscheidungsmodelle*. Berlin, Göttingen, Heidelberg, 1962.

KRÜSSELBERG, Hans-Günter. Wirtschaftswissenschaft und Rechtswissenschaft. In: GRIMM, Dieter (Ed.). *Rechtswissenschaft und Nachbarwissenschaften*. Frankfurt/M., 1973.

KUMKEL, Wolfgang. *An introduction to Roman legal and constitutional History*. Trad. J. M. Kelly. Oxford, 1975.

LAFER, Celso. *Da reciprocidade no direito internacional econômico*: o Convênio do Café de 1976. São Paulo, 1977.

_____. Os dilemas da soberania. *Digesto Econômico*, ano 35, nº 259, jan./fev. 1978.

_____. *Gil Vicente e Camões*. São Paulo, 1978.

_____. O *sistema político brasileiro*. São Paulo, 1975.

LALANDE, André. *Vocabulaire technique et critique de la philosophie*. Paris, 1960.

LAMBERT, Johann Heinrich. Fragment einer Systematologie. In: *System und Klassifikation in Wissenschaft und Dokumentation*. Meinsenheim Glan, 1968.

LARENZ, Karl. *Das Problem der Rechtsgelumg*. Darmstadt, 1967.

_____. Die Bindung des Richters an das Gesetz als hermeneutisches Problem. In: *Festschrift für Huber*. Göttingen, 1973.

_____. *Die Methodenlehre der Rechtswissenschaft*. Berlin, Göttingen, Heidelberg, 1 960.

_____. *Rechts-und Staatsphilosophie der Gegenwart*. Berlin, 1935.

LASK, Emil. *Die Logik der Philosophie und die Kategorienlehre*: gesammelte Schrifften. (Org.) Eugen Herrigel. Tübingen, 1923-1924.

_____. Rechtsphilosophie. In: *Gesammelte Schriften*. Org. Eugen Herrigel. Tübingen, 1923.

LAUSBERG, Heinrich. *Handbuch der literarischen Rhetorik*. München, 1960.

224 Função Social da Dogmática Jurídica • Ferraz Jr.

LAZZARO, Giorgio. *Storia e teoria della costruzione giuridica*. Torino, 1965.

LEGENDRE, Pierre. *Jouir du pouvoir*: traité de la bureaucratie patriote. Paris, 1976.

LEIMIGER, Karl. *Die Problematik der reinen Rechtslehre*. Wien, New York, 1970.

LENK, Hans. *Tecnocracia e tecnologia*: notas sobre uma discussão ideológica. In: BAYER, Gustavo (Ed.). *Tecnocracia e ideologia*. Rio de Janeiro, 1975.

LESSA, Pedro. *Estudos de filosofia do direito*. 2. ed. São Paulo, 1916.

LEVI, Werner. *Law and politics in the international society*. Beverly Hills, London, 1976.

LÉYY-BRÜHL, Henri. *La preuve judiciaire*: étude de sociologie juridique. Paris, 1964.

LOCKE, John. *Concerning civil government*: second essay. Chicago, London, Toronto, Geneva, 1952.

LOPES DE MAGALHÃES, Tereza Ancona. *A presunção no direito, especialmente no direito civil*. Manuscrito.

LOSANO, Mario. *Sistema e struttura nel diritto*. Torino, 1969. v. I.

LUHMANN, Niklas. *Legitimation durch Verfahren*. Neuwied am Rhein, Berlin, 1 969.

_____. *Macht*. Stuttgart, 1975.

_____. *Rechtssoziologie*. Reinbeck bei Hamburg, 1972. 2 v.

_____. *Rechtssystem und Rechtsdogmatik*. Stuttgart, Berlin, Köln, Mains, 1974.

_____. *Soziologische Aufkärung*. 2. ed. Opladen, 1971.

LUMIA, Giuseppe. *Lineamenti di teoria e ideologia del diritto*. Milano, 1973.

MAIHOFER, Werner (Ed.). *Ideologie und Recht*. Frankfurt/M., 1969.

MAIHOFER, Werner. *Rechtsrheorie als Basisdisziplin der Jurisprudenz.* In: Albert; Maihofer; Weingerger (Ed.). *Rechtstheorie als Grundlagenwissenschaft der Rechtswissenschaft.* Düsseldorf, 1972.

MAISTRE, Joseph de. *Essai sur le principe générateur des constitutions politiques:* suivi de Étude sur la souveraineté. Paris, 1924.

MALINOWSKI, Peter; MÜNCH, Ulrich. *Soziale Kontrolle.* Darmstadt, 1975.

MANNHEIM, Karl. *Ideologie und Utopie.* 4. ed. Frankfurt/M., 1965.

_____. *Liberdade, poder e planificação democrática.* Trad. Miguel Maillet. São Paulo, 1972.

MAQUIAVEL. *The Prince.* Trad. W. K. Marriott. Chicago, London, Toronto, Geneva, 1972.

MARCH, J. G.; SIMON, H. A. *Teoria das organizações.* Trad. H. Wahrlich. Rio de Janeiro, 1970.

MARCIC, René. *Vom Gesetzstaat zum Richterstaat.* Wien, 1967.

MANDT, Hella. *Tyranislehre und Widerstandsrecht.* Darmstadt, 1974.

MAZAGÃO, Mário. *Curso de direito administrativo.* 3. ed. São Paulo.

MCDOUGAL, Myres S. Some basic theoretical concepts about international law: a policy-oriented framework of inquiry. In: FALK, Richard A.; MENDLOWITZ, Saul H. (Ed.). *International law.* New York, 1966.

MEHL, Lucien. Pour une théorie cybernetique de l'action administrative. In: VÁRIOS AUTORES. *Traité de science administrative.* Paris, 1966.

MEINECKE, Friedrich. *Machiavellism:* the doctrine of raison d'état and its place in modern history. Trad. Douglas Scott. London, 1962.

MEIRA, Silvio A. B. *Hitória e fontes do direito romano.* São Paulo, 1966.

MERTEN, Detlef. *Rechtsstaat und Gewaltmonopol.* Tübingen, 1975.

MEYER, Jürgen A. E.; ZILSCHER, Wolfram. Methodologische Ansätze zur rechtssoziologischen Analyse richterlicher Erkenntnisakte.

226 Função Social da Dogmática Jurídica • Ferraz Jr.

In: NAUCKE, Wolfgang; Trappe, Paul (Ed.). *Rechtssoziologie und Rechtspraxis*. Neuwied-Berlin, 1970.

MIEDZIANOGORA, J. Juges, lacunes et idéologie. In: PERELMAN, C. (Ed.). *Le problème des lacunes en droit*. Bruxelles, 1968.

MONTEIRO, Washington de Barros. *Curso de direito civil*. São Paulo, 1962. v. II.

MONTESQUIEU. *L'esprit des lois*. Paris, [s.d].

MORRIS, Charles W. *Zeichen, Sprache und Verhallten*. Trad. A. Eschbach e G. Kopsch. Düsseldorf, 1973.

NAGEL, Ernst. Ciência: natureza e objetivo. In: MORGENBESSER, S. (Org.). *Filosofia da ciência*. Trad. L. Hegenberg e O. S. da Mota. São Paulo, 1967.

NOLL, Peter. *Gesetzgebungslehre*. Reinbeck bei Hamburg, 1973.

ÖHLINGER, Theo. *Der Stufenbau der Rechtsordnung*: rechtstheoretische undideologische Aspekte. Wien, 1975.

OGBURN, William F.; NIMKOFF, Meyer F. Acomodação e assimilação. In: CARDOSO, Fernando Henrique; IANNI, Octávio. *Homem e sociedade*. São Paulo, 1968.

_____; _____. Cooperação, competição e conflito. In: CARDOSO, Fernando Henrique; Ianni, Octávio. *Homem e sociedade*. São Paulo, 1968.

OLIVECRONA, Karl. *El derecho como hecho*. Trad. Gerónimo Cortés Funes. Buenos Aires, 1959.

OTTE, Gerhard. *Dialektik und Jurisprudenz*: untersuchungen zur Methode der Glossatoren. Frankfurt/M., 1971.

PARSONS, Talcott. Recht und soziale Kontrolle. In: HIRSCH, Ernst; REHBINDER, Manfred (Ed.). *Studien und Marerialien zur Rechtssoziologie*. 2. ed. Opladen. [s.d].

_____. *The social system*. Glencoe, Ill, 1951.

PAUPÉRIO, A. Machado. *Introdução axiológica ao direito*. Rio de Janeiro, 1917.

PECZEMIK, Alexander. Towards a juristic theory of law. *Österreichische Zeitschrift für öffentliches Recht*, 2 I, 1971.

PERELMAN. Chaïm. *Justice et raison*. Bruxelles, 1963.

_____; Olbrechts-Tyteca, Lucie. *Traité de l'argumentation: la nouvelle rhétorique*. Bruxelles, 1970.

PESSOA, Álvaro. Aspectos institucionais do desenvolvimento urbano. In: *Encontros da UnB*: Urbanização no Brasil. Brasília, 1978.

PLATÃO. *The Republic*. Trad. B. Jowett. Chicago, London, Toronto, Geneve, 1952.

PODLECH, Adalbert. Rechtstheorestische Bedingungen einer Methodenlehre juristischer Dogmatik. In: ALBERT; LUHMANN; MAIHOFER; WEINBERGER (Ed.). *Rechtstheorie als Grundlagenwissenschaft der Rechtswissenschaft*. Düsseldorf, 1972.

POPPER, Karl R. *The logic of scientific discovery*. London, 1959.

PUCHTA, Georg Friedrich. *Kursus der Institutiones*. Leipzig, 1841.

PUFENDORF, Samuel von. *De Jure Narurae et Gentium*. Libri octo. New York. 1934.

_____. *De Officio Hominis et Civis Juxta Legem Naturalem*. Libri duo. New York, 1927.

QUINTILIANO. Institutio oratoria. Harvard University Press, London, 2001.

RABOSSI, Eduardo A. *La justificación moral del castigo*. Buenos Aires, 1970.

RAISCH, Peter; Schmidt, Karsten. Rechtswissenschaft und Wirtschaftswissenschaft. In: GRIMM, Dieter (Ed.). *Rechtswissenschaft und Nachbarwissenschaften*. Frankfurt/M., 1973.

RAO, Vicente. *O direito e a vida dos direitos*. São Paulo. 3 v.

REALE, Miguel. *O direito como experiência*. São Paulo, 1968.

_____. *Estudos de filosofia e ciência do direito*. São Paulo, 1978.

_____. *Experiência e cultura*. São Paulo, 1977.

228 Função Social da Dogmática Jurídica • Ferraz Jr.

REALE, Miguel. *Filosofia do direito*. São Paulo, 1969.

_____. *Filosofia em São Paulo*. São Paulo, 1962.

_____. Graduazione della positività del diritto. *Rivista Internazionale di Filosofia del Diritto*. Milano, ano 50, fasc. 4, 1973.

_____. *Horizontes do direito e da história*. São Paulo, 1956.

_____. Para uma hermenêutica jurídica estrutural. *Revista da Faculdade de Direito*. São Paulo, v. 72, fasc. 1, 1977.

_____. *Pluralismo e liberdade*. São Paulo, 1963.

_____. *Política de ontem e de hoje*. São Paulo, 1978.

_____. *Teoria do direito e do Estado*. São Paulo, 1972.

REUTER, Paul. Principes de droit international publique. In: *Recueil de Cours de L'académie de Droit International de la Haye*, 1961.

RIPERT, Georges. *Le déclin du droit*. Paris, 1949.

RODRIGUES. Sylvio. *Direito civil*. 2. ed. São Paulo, [s.d]. v. 1.

RÖDIG, Jürgen. *Die Denkform der Alternative in der Jurisprudenz*. Berlin, Heidelberg, New York, 1969.

_____. *Die Theorie des gerichtlichen Erkenntnisverfahrens*. Berlin, Heidelberg, New York, 1973.

ROMANO, Santi. *L'ordinamento giuridico*. Firenze, 1962.

_____. *Princípios de direito constitucional geral*. Trad. Maria Helena Diniz. São Paulo, 1977.

ROSS, Alf. *Hacia una ciencia realista del derecho*. Trad. Júlio Barbosa. Buenos Aires, 1961.

_____. *Sobre el derecho y la justicia*. Trad. Genaro Carrió. Buenos Aires, 1970.

RUSSO, Eduardo Angel; LERNER, Carlos Oscar. *Lógica de la persuasión*. Buenos Aires, 1975.

SALDANHA, Nelson. *Legalismo e ciência do direito*. São Paulo, 1977.

SANTIAGO DANTAS, F. C. *Discurso pela renovação do direito*. Rio de Janeiro, 1942. (Coleção Nova Dogmática Jurídica).

SANTIAGO DANTAS, F. C. A educação jurídica e a crise brasileira. *Revista Forense*. Rio de Janeiro, nº 159, 1955.

SAVlGNY, Eike von et al. *Jurisrische Dogmatik und Wissenschaftstheorie*. München, 1976.

SAVIGNY, Friedrich Carl von. *Grundgedanken der hisrorischen Rechtsschule*. Frankfurt/M, 1944.

_____. Vom Beruf unserer Zeit füer Gesetzgebung und Rechtswissenschaft. In: *Thibaut und Savigny*. Darmstadt, 1959.

_____. *System des heutigen römischen Rechts*. Berlin, 1840.

SCHAFF, Adam. *Einführung in die Semantik*. Ost-Berlin, 1968.

SCHOECK, Helmut. *Die Soziologie und die Gesellschaften*: Problemsicht und Problemlösung vom Begin bis zur Gegenwart. Freiburg--Müenchen, 1964.

SCHREIBER, Rupert. *Allgemeine Rechtslehre*. Berlin, Heidelberg, New York, 1969.

_____. *Die Geltung von Rechtsnormen*. Berlin, Heidelberg, New York, 1966.

SCHULZ, Fritz. *Geschichte der römischen Rechtswissenschaft*, 1961.

SCHUR, Edwin M. *Law and society*: a sociological view. New York, 1968.

SICHES, Luis Recaséns. *Nueva filosofía de la interpretación del derecho*. México, 1973.

SOMLÓ, Felix. *Jurisrische Grundlehre*. Leipzig, 1927.

STARK, Werner. *The sociology of knowledge*. London, 1958.

STEINER, Henry. *Tradições e tensões na educação jurídica brasileira*: um estudo sobre a mudança socioeconômica e legal. *Cadernos da PUC*. Rio de Janeiro, 3, 1974.

STRENGER, Irineu. *Da dogmática jurídica*. São Paulo, 1964.

230 Função Social da Dogmática Jurídica • Ferraz Jr.

STRENGER, Irineu. *Reparação do dano em direito internacional privado.* São Paulo, 1973.

STROUX. Johannes. *Römische Rechtswissenshaft und Rhetorik.* Potsdam, 1949.

STRUCK, Gerhard. Dogmatische Diskussionüeber Dognmatik. *Juristenzeitung*, 1975.

_____. *Topische Jurisprudenz.* Frankfurt/M., 1971.

SUPPES, Patrick. Que é a teoria científica? In: L. Hegenberg e O. S. da Mata (Trad.) *Filosofia da ciência.* São Paulo, 1967.

TELLES JR., Goffredo. *A criação do direito.* São Paulo, 1953.

_____. *O direito quântico.* São Paulo, 1985.

_____. Resistência violenta aos governos injustos. *O Estado de S. Paulo*, 29, 30, 6 jun. 1955.

UNGER, Roberto Mangabeira. *Law in modern society.* New York, 1976.

USTRA, José Augusto Brilhante. *A classificação dos créditos na falência*: o conceito de igualdade na Lei de Falências. Rio de Janeiro, 1976.

VASCONCELOS, Arnaldo. *Teoria da norma jurídica.* Rio de Janeiro, 1978.

VECCHIO, Giorgio del. *A justiça.* Trad. A. R. de Carvalho. São Paulo, 1960.

_____. *Los princípios generales del derecho.* Trad. Juan Osorio Morales. Barcelona, 1971.

VENÂNCIO FILHO, Alberto. San Tiago Dantas e o ensino jurídico. *Cadernos da PUC.* Rio de Janeiro, 3, 1974.

VERNENGO, Roberto José. *Curso de teoría general del derecho.* 2. ed. Buenos Aires, 1976.

_____. *La interpretación literal de la ley y sus problemas.* Buenos Aires, 1971.

Bibliografia **231**

VIDIGAL, Geraldo de Camargo. *Objeto do direito econômico*. São Paulo, 1976.

VIEHWEG, Theodor. Ideologie und Rechtsdogmatik. In: *Ideologie und Recht*. Ed. Werner Maihofer. Frankfurt/M., 1969.

_____. Systemprobleme in Rechtsdogmatik und Rechtsforschung. In: DIEMER, A. (Ed.). *System und Klassifikation in Wissenschaft und Dokumentation*. Meisenheim, Glan, 1968.

_____. *Topik und Jurisprudenz*. München, 1974.

VILANOVA, Lourival. *As estruturas lógicas e o sistema do direito positivo*. São Paulo, 1977.

_____. *Teoria da norma fundamental*: comentários à Grundnorm de Kelsen. Separata do *Anuário do Mestrado em Direito*, n° 7, jan./dez. 1976.

VILLEY, Michel. *O direito romano*. Trad. Maria Helena Nogueira. Lisboa, 1973.

WARAT, Luiz Alberto. *Abuso del derecho y lagunas de la ley*. Buenos Aires, 1969.

_____. *El derecho y su lenguage*. Buenos Aires, 1976.

_____. Mito e direito. *Revista do CCJEA*, v. 2, n° 3, 1977.

_____. *Semiótica y derecho*. Buenos Aires, 1972.

_____; MARTINO, Antonio Anselmo. *Lenguage y definición*. Buenos Aires, 1973.

WATZLAWICK, Paul; BEAVIN, Janet Helmick; JACKSON, Don. D. *Pragmática da comunicação humana*. Trad. Alvaro Cabral. São Paulo, 1973.

WEBER, Max. *Wirtschaft und Gesellschaf*. Tübingen, 1976.

WELZEL, Hans. *Naturrecht und materiale Gerechtigkeit*. Göttingen, 1955.

WIEACKER, Franz. *Privatrechtsgeschichte der Neuzeit*. Göttingen, 1967.

WIEACKER, Franz. Zur praktischen Leistung der Rechtsdogmatik. In: *Festschrifft für Gadamer*. Tübingen, 1970.

WILHELM, Walter. *Zur juristischen Methodenlehre im 19. Jahrhundert*. Frankfurt/M., 1958.

WINCKLER, Günther. *Wertbetrachtung im Rech tundihre Grenzen*. Wien, 1969.

WOLFF, Christian. *Philosophia Moralissive ethica*, 1750.